Adiestramiento Canino Fácil

¡Una Guía Rápida para Adiestrar Perros en Instantes!

Por Marcos Mendoza
de EducarPerros.com y Perro-Obediente.com

Índice

Introducción

Hola, y bienvenidos a *"Cómo enseñar a tu perro a hacer asombrosos trucos y a obedecer órdenes sin haber tenido que golpearlo o gritarle o usar cualquier tipo de refuerzo negativo"*.

La estrategia que vas a aprender aquí es exactamente el mismo tipo de métodos que usan las productoras de Hollywood para hacer que los perros y otros animales realicen trucos y obedezcan cualquier orden.

La parte más hermosa de esto es que no tienes que ser desagradable con tu perro. De hecho, el sistema entero se construye en torno a pasar un buen rato y mostrarle a tu perro lo mucho que lo quieres y cuidas de él. Así que, como hemos dicho, vamos a empezar.

El método que vamos a utilizar es conocido como **Entrenamiento Clicker**. Este entrenamiento está básicamente construido sobre el refuerzo positivo, enseñándole a tu perro sin usar absolutamente ningún tipo de refuerzo negativo o correcciones de lo que sean. Y sé que esto suena un poco imposible, pero funciona increíblemente bien.

Vamos a ver una situación en la que estás caminando con tu perro. En lugar de tirar de su correa para que deje de tirar él, o en lugar de empujarlo en un sitio para que se siente, en lugar de darle una alabanza ocasional y esperar que tu perro entienda de qué le estás hablando, con este método los perros son enseñados usando principios científicos que funcionan consistentemente cada vez.

Sentando las bases

Si te estás preguntando cómo de bien funciona este método, echa una ojeada a algunos de los perros de la televisión. Por ejemplo, pensemos en el pequeño Eddie de la popular comedia de televisión, Frasier.

Observa qué bien se comporta Eddie y cómo parece mirar a cada personaje, casi en el momento justo. Se sienta, se queda quieto, ladra. Hace de todo.

Bien, no es una cuestión de suerte. Esto es exactamente lo que pasa cuando entrenas a un perro usando estos métodos. Al fin y al cabo, mientras están filmando el show no pueden deslizar una cadena de estrangulación en el cuello de Eddie y darle un tirón o gritarle o darle una golosina cuando se porta bien, porque, ey, está en vivo. Está frente a las cámaras. Pero Eddie realiza sin problemas truco tras truco, todo el tiempo, y es muy bueno en ello.

Todo este disfrute es el verdadero atractivo del uso del entrenamiento positivo con clickers o palabras puente.

Sé que amas a tu perro como yo amo al mío. Y por supuesto, queremos que ellos nos respondan y nos obedezcan, pero ciertamente no queremos herirlos ni hacerles daño en ningún sentido. Con el entrenamiento clicker y con el uso de palabra puente y lo que vas a aprender en esta serie, nunca más tendrás que gritarle a tu perro ni usar ningún tipo de refuerzo negativo. Esto es todo sobre la diversión y el pasar un buen rato.

Así pues, vamos a empezar.

Lo primero que te estarás preguntando es probablemente... ¿Qué diablos es un clicker? Bien, un clicker en sí mismo es sólo un dispositivo que parece un juguete. Es una pequeña caja, y básicamente hace un "clic" cada vez que aprietas el botón.

Afortunadamente, los clickers cuestan alrededor de un dólar en las tiendas de mascotas. Son muy fáciles de encontrar, y si no tienes uno, o no quieres tenerlo, puedes usar también lo que son llamadas "palabras puente". Esto es simplemente una palabra que utilizas cada vez que vas a iniciar una orden o a premiar a tu perro.

Una palabra puente debe ser corta, y debes decirla en un tono alto. La palabra "sí" puede ser usada como una excelente palabra puente. O también puedes usar "bien".

Y recuerda, debes usar un tono ligeramente más alto y también rápido, pero que sea reconocible cada vez.

Así que cuando usas el refuerzo positivo como el clicker y las palabras puente combinadas con premios, y lo haces todo el tiempo, no estás forzando a tu perro a aprender nada. En lugar de eso, estará muy dispuesto a trabajar contigo y con muchas ganas de complacerte y obedecer. De hecho, tu perro estará mucho más ligado a querer complacerte y obedecerte de todas las maneras tan pronto como empieces a usar algunas normas básicas.

Así pues, vamos a hablar un momento de los premios. Debes usar siempre golosinas deliciosas para tu perro como recompensas iniciales, por supuesto porque son fáciles de usar y a él le van a encantar. Puedes usar también otros premios, como jugar al juego favorito de tu perro, o dejarle jugar con su juguete preferido, pero es más fácil usar comida al principio.

Tu primer paso

Ahora vamos a avanzar y empecemos. En este primer ejercicio vamos a hacer una introducción muy, muy básica a todo esto, de manera que te hagas una idea de cómo funcionan el clicker o la palabra puente, y además familiarizará a tu perro con lo que va a pasar. Mucha gente lo llama "objetivo".

Es divertido y muy fácil, y básicamente lo que vamos a hacer es enseñarle a tu perro cómo tocar algo con la nariz a tu señal, o a tu orden.

La razón por la que empezamos por este ejercicio tan básico, lo sé, es porque es la mejor manera de enseñaros a ti y a tu perro cómo funciona el entrenamiento clicker. A la vez utiliza también los instintos naturales de tu perro para buscar algo que huele bien para él. Así pues, aquí está lo que debes hacer para empezar.

Primero de todo, debes quedarte de pie frente a tu perro, o si él es muy pequeño tal vez debas sentarte en tus tobillos, y deberás tener algunas golosinas.

Después de hacerle saber que tienes las chucherías, frota algunas en la palma de tu mano izquierda. No dejes ninguna, sólo frótalas, así tu mano olerá bien para tu perro. Ahora sostén las golosinas con la derecha. Así, el primer paso cuando te sientas frente a él es que tu mano izquierda huela a golosinas y las golosinas estén en tu mano derecha. Simple, ¿verdad?

Vale. Lo que harás después es llevar tu mano izquierda a la nariz de tu perro, casi encima de ésta. La primera vez es probable que lo haga bien. Seguramente meterá su nariz o su boca en tu mano, y eso es bueno, es exactamente lo que quieres que haga, porque la intención es que tu perro toque tu mano con su nariz.

Así que en el momento en que lo haga, quiero que hagas clic con el clicker y le des una chuchería. En el instante exacto. Así, él toca tu mano izquierda, y tan pronto como lo hace, haces clic, o usas la palabra puente, y le das una golosina con tu mano derecha.

Felicidades. Has completado un ejercicio, y sé que todo esto suena muy básico, pero lo que haces es introducir a tu perro y acostumbrándolo al entrenamiento clicker, y guiándolo exactamente en la manera en que funciona este método. Además, a ti también te irá bien.

Ahora, lo que debes hacer es repetir este ejercicio una vez y otra hasta que tu perro se familiarice con lo que pasa, y entonces podrás empezar a mover tu mano hacia atrás gradualmente. Más y más atrás, hasta que llegue un momento en que, para tocarte la mano con la nariz, tenga que estirarse para hacerlo, o incluso caminar.

Recuerda: al principio, cuando hemos empezado, estabas de rodillas o en pie justo frente a él y tu mano estaba muy cerca, así que era muy obvio lo que el perro tenía que hacer. Lo que pasará es que tu perro empezará a asociar el clic con la recompensa, y también lo que quieres que haga.

Ahora vamos a hablar de incluir órdenes a este proceso. Nuestro objetivo final es que seas capaz de usar un comando como "toca" y señalar un objeto, y tu perro irá y lo tocará con su nariz. Así pues, puedes empezar en seguida. Tan pronto como tu perro consecuentemente toque tu mano cada vez que se la ofreces, incluso cuando está a pasos de ti, empieza a decir la palabra "toca" cuando se la das. Por supuesto no tienes que usar esta palabra en concreto, puedes usar la que quieras, pero obviamente "toca" es la que vamos a usar aquí.

Lo que vas a hacer es empezar a mantener la mano a una distancia del perro. Di "toca", él busca y toca tu mano —la izquierda, que huele a golosinas— con la nariz. Presionas el clicker y le das un premio.

Eso es todo. Básicamente esto es el fundamento que usan los entrenadores mejor pagados. Es el método que utilizan para enseñar a aquellos perros que son llamados "imposibles".

Así pues, si estás paseando a tu perro y quieres que gire a la izquierda, por ejemplo, debes mover la mano hacia ese lado y decir "toca", y él girará y la tocará con su nariz. De inmediato, por supuesto, debes hacer clic y darle su recompensa.

Espero que te hayas divertido con este básico ejercicio de inicio. Hazlo uno o dos días con tu perro. Pasarán un buen rato, y empezarán a construir las bases para los siguientes ejercicios, donde iniciaremos un entrenamiento más avanzado.

Logrando la total atención de tu perro

Vale, ahora que has conseguido que tu perro esté familiarizado con el uso del clicker, o de la palabra puente si no tienes clicker, y por supuesto con el recibimiento de golosinas por hacer lo que le dices, es momento de empezar a construir más fundamentos.

Hemos introducido ya a tu perro en la orden de tocar, y espero que haya sido una buena experiencia y haya sido fácil. De modo que ahora tu perro debería estar familiarizado con el proceso de la orden "toca". Deberías ser capaz de extender tu mano y que tu perro la tocara con la nariz cada vez que dijeras "toca". Y por supuesto debes haberle enseñado a hacerlo usando los métodos de entrenamiento que hemos indicado.

Ahora nuestro siguiente paso es enseñarle a tu perro a darte su entera atención cada vez que digas su nombre. Puede parecer muy básico, pero, de nuevo, estamos construyendo los fundamentos que vamos a usar para superponer más técnicas de entrenamiento avanzado.

Sin estas bases, las siguientes técnicas que introduciremos en las últimas partes de este curso no van a ser tan fáciles para ti. Así que si esto te parece demasiado simple, hazlo por mí. Va a ser mucho, mucho más sencillo ayudarte a lograr técnicas avanzadas con estas bases.

Bien. Cuando sea el momento de realizar este ejercicio con tu perro, lo que debes hacer es tener el clicker preparado, o si no usas el clicker, por supuesto tener lista la palabra puente. Vas a necesitar algunas de las chucherías favoritas de tu perro, y también deberás llevarlo a una habitación donde no se distraiga con facilidad.

Ahora, para empezar simplemente entra en el cuarto con tu perro, aguarda un poco hasta que él se sienta bien. Luego di su nombre una vez, con voz fuerte y feliz como si quisieras que te mirara. Tan pronto como lo haga, haz clic y prémialo, o si no usas el clicker, di la palabra puente y dale el premio.

Voy a intentar mostrarte una imagen. Mi perro Buddy y yo de pie en el salón. Yo digo "¡Buddy!", y él me mira. Tan pronto como lo hace, hago clic o digo "¡Bien!" y le premio. Simplemente así. Este es el ejercicio.

Repite el proceso, dejando que tu perro se distraiga un poco, olisqueando la habitación o algo así. Di su nombre de nuevo, y tan pronto como te mire haz clic y dale el premio. Por el bien de este curso, si digo clic, por su puesto me refiero tanto al clicker como a la palabra puente, pero para hacerlo simple sólo diré clic, ¿entendido?

Así pues, repite este proceso una vez y otra. No cada cinco segundos, claro. Debes decir su nombre, que él te mire, hacer clic y premiarlo tan pronto como lo haga, y luego darle un descanso para que vuelva a su rutina.

Sigue repitiéndolo. Hazlo durante cinco o diez minutos. Lo que estás intentando es ser capaz de decir el nombre del perro y que él inmediatamente se vuelva hacia ti. Está bien si por ejemplo no te mira a los ojos, si te mira la mano es probablemente porque está asociándola con la golosina, no pasa nada. También está bien si se acerca a ti; eso está muy bien, en realidad. No tiene que quedarse donde está y mirarte. Puede mirarte y caminar hacia ti. Sin embargo no es obligado, claro.

Si cuando dices su nombre al principio del ejercicio el perro no te mira y sigue distraído, no pasa nada. Dilo de nuevo, y tócalo o acarícialo o haz cualquier cosa para llamar su atención, y tan pronto como te mire haz clic y prémialo.

Repite el proceso, clic y premio. Pronto empezará a relacionarlo. "Ey, esta persona quiere que la mire. Tan pronto como lo haga cuando dice mi nombre, recibiré un premio. Y oiré el clic. Y lo haré." Así pues no vas a tener que tocarlo demasiadas veces.

Al principio tu perro mirará hacia ti, pero seguramente esté buscando las golosinas. Rápidamente sabrá que están en tu mano, incluso si las pones detrás de ti o algo parecido. Así pues, si detenemos el ejercicio en este punto le estaremos enseñando al perro básicamente que mire las golosinas. Para progresar, después de que tu perro mire cada vez que lo llamas —y por supuesto siempre hagas el clic y le des su recompensa— es hora de conseguir que te mire a ti, y entiende que es a ti a quien debe mirar, no a las chucherías.

Lo que debes hacer en este paso es dejar las golosinas en la cocina, o en cualquier parte donde no estéis ni tú ni el perro, decididamente que no estén en tu cuerpo, físicamente. Y repite el proceso. Llama a tu perro, haz que te mire. Ahora su atención tal vez vaya hacia donde están las golosinas, pero si así sucede no hagas nada. No lo alabes, no hagas el clic, no lo premies. Dale un minuto, llámalo de nuevo, y tan pronto como te mire a ti y no a las chucherías, haz clic y recompénsalo.

Sigue repitiendo este proceso. Es muy importante ser paciente. Eventualmente el perro te mirará directamente a ti; entonces lo habrá entendido. Los perros son muy, muy inteligentes. Todos los son, sin importar la raza, especialmente en ejercicios básicos como estos. Así pues, para repetir simplemente pon las chucherías en alguna parte que no sea en ti mismo, donde no las estés sosteniendo, y llama a tu perro cuando esté distraído con algo. Tan pronto como te mire, clic y premio. O, por supuesto, palabra puente y premio.

Ahora, tu siguiente paso es conseguir que te mire directamente a los ojos y realmente haga una conexión contigo, algo que os haga saber que estáis comunicados. Una vez el perro te mire a ti y no a las golosinas, es el momento de empezar lo que algunos llaman "formando el comportamiento" y hacer que haya contacto ocular. La manera de hacerlo es llamándolo por su nombre, y cuando te mire, eso está bien, pero no lo premies de ninguna manera hasta que su mirada no vaya a tus ojos.

Y todo esto debe ser un proceso intuitivo para tu perro. Instintivamente querrá mirarte porque lo estás llamando y el perro te conoce. Ustedes son como de la familia. Así que llámalo, repite el proceso. Estamos construyendo encima de bases que ya hemos establecido, de modo que sólo cuando te mire a los ojos recibirá el clic y la recompensa. Así di "¡Buddy!"; él te mira a los ojos; clic, recompensa. Es así de simple.

Ahora a veces él te mirará a las manos, o tal vez a los pies o en general en tu dirección. Por supuesto que es algo natural, porque es lo que habéis estado trabajando, ¿no? De modo que es muy importante tener paciencia con todo esto, y no hacer clic ni premiarlo hasta que te mire sólo a los ojos. De ahora en adelante a lo largo del ejercicio cada vez que lo realicen sólo harás clic y lo premiarás cuando te mire a los ojos. Eso es todo.

Si tienes problemas con esto quizá te sirva tener a tu perro sentado, llamarlo, y cuando mire en tu dirección sujetar una golosina delante de él. Así seguirá la chuchería cuando la muevas, hasta que la alces a tus ojos. Tan pronto como te mire así, haciendo contacto ocular directo, entonces haces clic y lo recompensas. Esto puede ayudar a mantener y moldear este comportamiento de mirarte a los ojos. Tan pronto como lo haga, por supuesto, lo recompensas y le das la golosina.

Ahora, en esta etapa, es el momento de empezar a desarrollar más aún sobre las bases que hemos creado. Deberías ser capaz de conseguir la atención de tu perro simplemente diciendo su nombre y teniendo contacto ocular cada vez que lo dices. Por supuesto estarás reforzando este comportamiento con el clic y la recompensa. Llamas a tu perro por el nombre, y tan pronto como te mira a los ojos, haces clic y le das un premio.

Es un ejercicio muy simple. Estoy seguro de que puedes decirlo sólo escuchándolo. Tal vez estés diciendo "Bien, dios, esto no es ciencia". Bueno, escucha. Estos son los fundamentos de todo buen entrenamiento. Y ahora es el momento de levantar la dificultad un poco más.

Por supuesto que es muy sencillo hacer que tu perro te mire cuando dices su nombre, si sólo estáis los dos en la habitación. Pero cuando realmente se convierte en un reto —y seguro que te has dado cuenta de esto— es cuando hay otras distracciones alrededor. Estoy seguro de que tal vez has estado paseando a tu perro, o has tenido a tus amigos en casa, y el animal ha visto algo que es muy, muy interesante para él, y no importa cuántas veces lo llames, no pone nada de atención. Bien, es el momento de detener ese comportamiento. Y hay una manera fácil de hacerlo.

Básicamente lo que vamos a hacer es usar el mismo ejercicio, pero vamos a poner algunas distracciones más. No hay problema. Lo que harás antes de nada es poner a tu perro frente a ti, decir su nombre, y tan pronto como te mire, clic y recompensa. Ahora, mientras tu perro te mira todavía, que un amigo camine por la habitación o junto al animal. Ahora tu perro querrá dar la vuelta a mirarlo. Cuando lo haga, tu amigo debe darle la espalda y no mostrar ningún interés por él. Tan pronto como suceda, di el nombre del perro otra vez, y haz clic y dale una recompensa cuando te mire de nuevo.

Si tu perro no te mira inmediatamente está bien, es porque acabamos de introducir un nuevo factor a la ecuación y hay otra persona: tu amigo. Así que por favor no te frustres si no funciona de inmediato. Simplemente dale un minuto o así al perro, y eventualmente él perderá el interés en tu amigo. Entonces simplemente di su nombre, y tan pronto como te mire, clic y recompensa. Quizá quieras premiarlo grandemente con alabanzas por hacerlo, ¿verdad? Así que haz clic, dale una recompensa y alábalo mucho por superar un obstáculo mayor.

Cuando esto pase, cuando obtengas la primera respuesta positiva, dale unos minutos y repite el ejercicio entero. Deja que tu amigo se aproxime, deja que tu perro lo mire, llámalo por su nombre y en cuanto te mire y deje de prestar atención al otro humano, clic y recompensa. Te sorprenderá verdaderamente lo rápido que tu perro lo entenderá. La razón de que suceda es porque estás fortaleciendo su atención sobre las bases que ya hemos logrado.

Puedes seguir con el ejercicio, volviéndolo más y más difícil para el perro, poniendo más gente en la habitación, o gradualmente moviéndose afuera en entornos con más y más distracciones. Tu última meta es conseguir que tu perro inmediatamente lo deje todo y te de su entera atención tan pronto como lo llames.

Si sigues los ejercicios que te he dado y gradualmente sigues construyendo sobre ellos, con el tiempo —por supuesto, cuando digo "con el tiempo" no es que necesites varias horas al día; tal vez diez minutos durante varios días sirva— tendrás un perro con mejor comportamiento, y el resto del entrenamiento que vas a aprender será mucho más fácil de llevar a cabo. Porque, recuerda, si no tienes la atención de tu perro desde el principio, y si no te enseñamos la importancia de hacer que se enfoque en ti cuando quieras, entonces todos nuestros ejercicios de entrenamiento serán bastante inútiles.

Así que diviértanse con este ejercicio, y diviértete siendo el centro de atención de tu perro. Nos vemos en el siguiente ejercicio.

Cómo lograr que tu perro se siente cada vez

Es el momento de enseñarle a tu perro a sentarse. Es una de las órdenes más fáciles que puedes enseñarle a tu perro. Desafortunadamente, también es uno con los que más gente se equivoca, y lo hace todo mal. Por ejemplo, mucha gente fuerza a su perro a sentarse empujándolo hacia el suelo en una posición sentada y dándole alabanzas luego, cuando son ellos los que los obligan a sentarse.

Lo único que logra esto es confundir al perro, o a lo mejor enseñarle que va a ser recompensado tan pronto como tú lo obligues a tomar algún tipo de extraña posición sentada. Así que no funciona. Otro error de muchas personas es decirle al perro que se siente, usando el comando verbal antes de que él entienda qué significa o antes de que aprenda que el comportamiento de sentarse es bueno.

Así pues, nosotros vamos a ir directamente al nivel básico, y sólo te voy a mostrar a conseguir que tu perro se siente muy deprisa y muy fácilmente. Antes de enseñárselo, vas a necesitar un montón de golosinas o pequeñas galletas para perro. Y asegúrate de que sean pequeñas, ya sabes, porque tal vez necesites muchas.

Para empezar, lo que debes hacer es poner a tu perro frente a ti en una posición relajada y normal. Tú también debes estar frente a él, teniendo en cuenta que si es pequeño quizá tengas que estar arrodillado. Ahora, una vez estáis listos, coge una pequeña chuchería que tu perro vea y lentamente muévela por encima de su cabeza, paralelamente a su cuerpo, en dirección a la cola.

Lo que va a pasar aquí es o que tu perro naturalmente se sentará para mantener una vista clara de la golosina, o que saltará y se contorsionará. Lo normal es que se siente. Tan pronto como lo haya hecho debes recompensarlo. Haz clic con el clicker o si no lo usas di algo como "¡Bien!", y prémialo. Tan pronto como su trasero toque el suelo, clic y recompensa.

Ahora recuerda, esto es importante. Tienes que hacer clic, o decir la palabra puente, y recompensar tan pronto como tu perro toque el suelo.

Debes hacerlo así para que él entienda que es aes la acción que recibe el premio. Está bien si se levanta en cuanto haces clic y lo premias. Está bien si se vuelve loco y empieza a jugar. Todo bien. Lo que queremos ahora mismo, en este primer nivel, es enseñarle a sentarse, y que aprenda que el acto de sentarse recibe una recompensa.

Ahora debes estar pensando "Bueno, ¿qué hago si no se queda sentado?" Algunos perros saltan para conseguir la golosina en lugar de sentarse. Y algunos intentan morder inmediatamente la chuchería, y otros simplemente caminan hacia atrás. Tal vez te encuentres en la situación en la que tengas que perseguir a tu perro por toda la habitación intentando darle su premio. Si es lo que pasa, está bien. No hay problema, debes ser realmente paciente. Lo que tienes que hacer es darte la vuelta e ignorarlo. Actúa como si no pasara nada. Por supuesto, no le des la golosina.

Espera un poco, tal que un minuto y así, y vuelve a empezar.

26

Eventualmente tu perro lo entenderá. Y tan pronto como muevas la chuchería de su cabeza hacia su cola, por supuesto en paralelo con su cuerpo, tan pronto como lo hagas, acabará entendiéndolo: "Ey, es tiempo de que me siente". Por supuesto, en cuanto su trasero toque el suelo, clic y recompensa. Alábalo.

Te habrás dado cuenta de que no te he dicho que uses el comando "siéntate". Es una cuestión diferente. En esta etapa del juego todo lo que le estamos enseñando a tu perro es que es bueno sentarse.

De hecho, después de unos veinte minutos, dependiendo de tu perro, probablemente ya podrás mover tu mano sobre él en paralelo y él se sentará, momento en el cual tú haces clic y lo recompensas. Así que ahora puedes enseñarle la seña manual para sentarse.

Pero aún no usamos el comando verbal. La razón es porque es mejor esperar, en cualquier entrenamiento es mejor esperar a que él realmente entienda y repita el comportamiento antes de empezar a usar la orden hablada.

Así pues, quieres que se siente cada vez que muevas la golosina. Quieres que se siente antes de empezar a introducir los comandos verbales. Por otro lado, puedes estar sobrepasando a tu perro y puede que empiece a sentirse confundido, y eso no es divertido para él. De modo que practica este ejercicio durante 20 minutos…Tal vez ni eso, quizá 10 minutos sea suficiente. Si empieza a aburrirse o quiere morderse las patas o, ya sabes, empieza a caminar por ahí, no lo fuerces. Está bien. Dale su espacio un minuto y vuelve más tarde. Querrás que esto sea divertido para él.

Ahora vamos a trabajar en introducir el comando de sentarse. Porque todos sabemos qué lindo es ser capaz de decir "siéntate" y que el perro se siente. Pocos perros lo hacen, pero el tuyo lo hará. Aquí está como. Una vez lo tienes sentado, y eres capaz de hacerlo sentar usando la seña manual, que es simplemente pasar tu mano lentamente de su nariz hacia atrás, tan pronto como responda positivamente es el momento de incluir la orden. Pero sólo entonces. No intentes enseñárselo mientras esté aprendiendo la seña manual o mientras tiene dificultades todavía para sentarse, o cualquier otra situación que pueda confundirlo y retrasar el entrenamiento.

Aquí está lo que hay que hacer. Usa el mismo sistema que hemos estado utilizando. Empieza teniéndolo en pie. En este punto deberías ser capaz de simplemente mover tu mano desde su nariz y que él al verlo se siente. Ahora tan pronto como lo haga di "siéntate", y clic y recompensa. Así que mueves la mano, tu perro se sienta, dices "siéntate" y haces clic y le das su recompensa. Repítelo muchas veces. Claro que no quieres que esto enerve al perro, no quieres abrumarlo, así que hazlo durante algunos minutos.

Tu siguiente paso es que cuando pase consecuentemente, pares de usar la seña manual. Cuando quieras que tu perro se siente sólo deberías decírselo, "siéntate", y él debería sentarse. Si no sucede o si se queda mirándote, no hagas nada. No hagas clic ni lo recompenses hasta que se siente.

Tan pronto como tu perro se siente después de oír el comando "siéntate", alábalo —obviamente debes hacer clic antes, o usar la palabra puente— y prémialo con golosinas. Cuando estés, repite el proceso. Pronto habrás usado el refuerzo positivo tan bien que serás capaz de decirle "siéntate" y tu perro responderá inmediatamente sentándose. Bien, claro que cada vez que lo haga es bueno hacer clic y recompensa.

Ahora tal vez pienses "¿Voy a tener que llevar siempre el clicker encima? ¿O siempre voy a tener que utilizar la palabra puente y darle una recompensa al perro?". La respuesta es no. Después de un tiempo deberías ser capaz de desprender a tu perro del sonido del clicker, o de la palabra puente, o de recibir una recompensa cada vez. Pronto este tipo de comportamiento será una segunda naturaleza para él.

Tu perro entenderá que cualquier cosa que quieras que haga —en este caso, sentarse— se supone que debe hacerlo. Así que no tendrás que usar el clicker o las recompensas siempre, pero cuando empiezas es bueno utilizarlos todo el tiempo. Simplemente refuerza lo que el perro está aprendiendo.

Cómo hacer que tu perro se acueste

Es el momento de enseñarle a tu perro el comando "abajo". Afortunadamente es muy parecido a "sentarse". De hecho, lo podemos desarrollar sobre el comando de sentado. Todo lo que necesitas para empezar es tener un poco de paciencia con tu perro, así que asegúrate de tener un buen estado de ánimo, y tener muchas golosinas listas. Muy bien: vamos a empezar.

Lo que debes hacer primero es hacer que tu perro se siente frente a ti. Si no eres capaz de que lo haga a tu orden, o por lo menos con una seña manual, es mejor que revises el ejercicio anterior. Bueno, haz que se siente, y cuando esté en esa posición, arrodíllate o siéntate frente a él. O si es un perro excepcionalmente grande también puedes quedarte en pie, aunque es preferible sentarse o arrodillarse.

Lo que harás ahora es usar una golosina para atraer a tu perro a una posición acostada, es muy simple. Lo que tienes que hacer es sostener la chuchería frente a él, de manera que pueda verla. Eso es fácil, ¿verdad? Parece que puedan ver las golosinas a 20 millas de distancia. Luego lentamente, mientras el perro la mira, bájala hasta el suelo frente a él.

Tienes que ponerla frente a él, a una cierta distancia, pero no la suficiente como para que camine para cogerla. Eventualmente, lo que pasará será que descenderá él mismo para coger la golosina de tu mano, y naturalmente se acostará. Tan pronto como lo haga, haz clic y prémialo.

31

Afortunadamente, es muy fácil entrenar a un perro para que se acueste. Es más fácil que enseñarle a sentarse, lo que está bien. Si estás teniendo problemas y por alguna razón tu perro no se agacha, no pasa nada, sólo sigue intentándolo y sé paciente. Si se levanta o se queda sentado y te mira, sólo date la vuelta, ignóralo, y un poco después repite el proceso. Y recuerda, no le des ningún premio o alabanza hasta que consigas que se acueste. Es realmente muy simple cuando lo piensas. Tan pronto como se eche en el suelo, clic y recompensa. Es así de fácil.

Ahora necesitas fortalecer esto, así que no puedes depender de sobornar a tu perro cada vez con chucherías, porque no siempre vas a tenerlas. Pongamos que están en la cafetería y tu perro se sienta a tu lado y tú quieres que se estire. Bueno, no vas a llevar muchas chucherías en el bolsillo, ¿verdad? Así que tan pronto como puedas hacer que se siente, sujeta una golosina frente a su nariz y bájala lentamente, así él se acostará para cogerla. Una vez consigues esto es el momento de hacerlo sólo con la mano, y así le enseñas la seña manual. Cada vez que se agache, clic y recompensa.

La próxima vez que quieras hacerlo debes tener a tu perro sentado, entonces mantén tu mano frente a su nariz, y bájala lentamente delante de él. Quizá quieras golpear ligeramente el suelo. Instintivamente se acostará, esperando que tu mano contenga una golosina, ¿correcto? Así que tan pronto como lo haga, clic y recompensa.

Repite el proceso hasta que sea constante en acostarse cuando muevas la mano. Una vez lo haga, cuando haya aprendido la lección y la seña manual, es el momento de movernos a la orden, que será "abajo" en este caso. Es muy simple. Es básicamente lo mismo que hemos estado haciendo, pero añadiendo el comando.

Así, empiezas y tu perro está en posición sentada. Tú estás sentado, arrodillado o de pie frente a él, dependiendo de cómo sea de grande, ¿correcto? Mueves la mano hacia abajo hasta que se acueste, y tan pronto lo haga dices "¡abajo!". Haces clic y lo recompensas. Repite el proceso una vez y otra.

¿Cuál crees que es el siguiente paso? Es ser capaz de hacerlo sin la seña manual. Y esto a veces es difícil para el perro, porque está acostumbrado a asociar tu mano con la golosina, y a seguir la mano con la mirada, ¿correcto? Esto es totalmente natural. Es como si tu mano tuviera una línea y tirara de la cabeza del perro para acostarlo. Así que necesitas que deje de seguir tu mano. Así pues, una vez has llegado al punto en que le das la seña manual, le dices "abajo" tan pronto como se acuesta, le estás dando esta orden, luego haces clic y le recompensas. Es el momento de usar sólo el comando.

Lo que debes hacer para empezar es sentar a tu perro frente a ti. Tú arrodíllate, quédate en pie o siéntate, dependiendo de su tamaño. Y di simplemente "abajo". Ahora puede que tu perro haga algo, o no lo haga. Si es que no, entonces no haces clic y por tanto no lo recompensas. Simplemente vuélvete e ignóralo un minuto, y empieza de nuevo. Eventualmente tu perro acabará por acostarse al escuchar tu orden. La primera vez que lo haga debes muy generoso con las alabanzas. Tan pronto como lo haga, clic y recompensa, y tal vez deberías darle cinco o seis chucherías extras como súper premio. De esta manera el perro asociará algo así como "Ey, he mejorado mucho en el entrenamiento de hoy. ¡Ahora conozco el comando de "abajo"!".

El proceso es realmente sencillo. Primero empiezas tentándolo con comida. Sostienes el señuelo frente a su nariz y la bajas lentamente hasta el suelo, de manera que naturalmente él lo seguirá. Tan pronto como lo hace, clic y recompensa. Entonces quitas la pieza de comida y él simplemente seguirá tu mano. Cuando lo haga, clic y recompensa. Repite el proceso, claro, muchas veces. Ahora es el momento de implementar el comando, de manera que bajas la mano, y cuando el perro también desciende, le dices "abajo", y clic y recompensa. Repite este proceso. ¿Ves que estamos construyendo y construyendo? Y ahora es el momento del gran final, donde simplemente quitamos la seña manual y usamos sólo el comando.

El ingrediente más importante en esta ecuación es tu paciencia y el amor que sientes hacia tu perro. Así, si él se frustra, o si tú te frustras y tu perro se altera y quiere jugar, simplemente detén el entrenamiento por un rato, vuélvete, ignóralo y haz cualquier otra cosa, y luego regresa. Los perros no son como nosotros, que podemos entrenar y tomar clases largamente. Sus mentes tienden a divagar, de modo que sólo debes necesitar cinco o diez minutos cada vez. Es todo lo que hace falta.

Espero que hayas disfrutado con este entrenamiento. Tu perro debería responder a la orden de acostarse en muy poco tiempo, y la gente estará absolutamente maravillada de su buen comportamiento. Este es uno de los mejores comandos que puedes enseñarle a tu perro, porque es muy conveniente. Una vez aprenda a responder consecuentemente a la orden podrás llevártelo a cualquier parte contigo, especialmente si él debe estar acostado —y es lo que habremos conseguido en las últimas sesiones—, y más concretamente si aprende a estar estirado donde hay muchas distracciones alrededor. Una vez conseguido, casi tienes el perro ideal. Puedes llevarlo a cualquier parte —cafeterías, calles concurridas, una fiesta— y hacer que se acueste, eso es genial. Es como una persona relajada, esperando por la siguiente orden.

Así pues, espero que se hayan divertido aprendiendo el comando "abajo", y deseo que entiendas el fortalecimiento de estas pequeñas, básicas y fáciles órdenes, y de estos sencillos ejercicios que hacemos. Y espero seguir viéndote en nuestros próximos ejercicios, donde avanzaremos más y más y construiremos en más fundamentos que estamos creando con estas Partes.

Cómo hacer que tu perro camine con la correa floja

Es el momento de enseñarle a tu perro cómo caminar con la correa floja. Antes de empezar con este ejercicio, déjame darte algunas premisas de psicología canina. Bueno, cualquier tipo de psicología sirve. Si estás escuchando esto, probablemente has caminado con un perro en el pasado. Si no lo has hecho, entonces estás preparado para empezar bien. Pero la típica situación donde alguien camina con su perro es con el perro tirando de él. Tú puedes tirar hacia atrás o decirle que no lo haga, pero el perro eventualmente seguirá estirándote.

Aquí está lo que vamos a enseñarle a tu perro. Verás, los perros no son particularmente complejos a pesar de su vasto intelecto. Son muy listos, seguro, pero realmente no tienen unos cerebros preparados para analizar la situación. Así que, en la mente del perro, caminar al final de una correa significa que simplemente "Voy a tirar hasta llegar a mi destino. Así ha funcionado siempre. Es la forma en que se hace. Así es como lo voy a hacer siempre y por siempre, amén." Y esto es, por supuesto, el hábito que vas a romper.

Aquí hay otra cosita que quizá no sabes sobre los perros. Instintivamente luchan contra la resistencia. Está en su naturaleza. Así que si tienes un perro atado y él estira lejos de ti, es su instinto natural. Instintivamente te estirará a cualquier parte. Eso es por lo que el juego de tira-y-afloja es tan famoso en cualquier raza de perro. Tienes una golosina o una cuerda o lo que sea y el perro lo coge y tú estiras y él estira contra esa resistencia. Esto es algo que está muy ligado a su conducta.

Va a tomar un poco de trabajo conseguir que no lo haga, pero sólo quería darte un poco de psicología base, de manera que ahora sabes:

A. Es totalmente normal que el perro estire de la correa.

B. Si has estado caminando y él ha estado estirando, entonces en su mente está arraigada la idea de que estirar es lo que funciona y él debe hacerlo siempre.

C. Escucha, no estás solo; todos los perros tiran, así que no es un gran problema.

Ahora vamos a hablar de hacer que tu perro deje de estirar. Afortunadamente este simple ejercicio lo conseguirá. Por desgracia, necesita muchas repeticiones antes de que finalmente lo entienda. Pero no es grave. Es bastante divertido y tú aún podrás caminar con tu perro. Ahora, antes de introducirte en las bases de este ejercicio, vamos a ver qué precisas para empezar. Primero de todo, necesitas que tu perero esté atado a un collar. No sé si utilizas un collar de estrangulamiento o algún tipo de collar de dientes o algo parecido. No necesitas usar nada de todo esto. Sólo uno normal. Muchas personas se refieren a ello como "collares de hebilla". Sólo, ya sabes, el collar de perro de siempre.

Sería ideal si tu perro no estuviera en el típico estado de ánimo de "¡Oh, tío, vamos a dar una vuelta!". Si está muy, muy, muy excitado y salta por todas partes, lo va a hacer difícil. Quizá quieras jugar a buscar y traer un rato antes de empezar el entrenamiento. Cánsalo y saca el exceso de energía de su sistema. En tercer lugar, debes estar seguro de que al empezar no se encontrarán en un lugar lleno de toneladas de distracciones para un perro. Un parque donde hay montones de otros perros jugando justo al lado puede no ser el mejor lugar, así que intenta llevarlo a algún lugar tranquilo. Bien, comencemos.

Para empezar, adelántate y ponle su correa. Ahora, antes de echar a andar, asegúrate de que tienes la atención del perro. Pon en práctica los ejercicios de atención que ya hemos fundado en este curso. Los ejercicios de atención son simplemente llamar a tu perro, y tan pronto como te mire hacer clic y darle una golosina. Eso es lo que debes hacer. Esto simplemente le dice al animal "Ey, es tiempo de que tu cerebro esté activo. Estás aquí, así que habla". También hace que se acostumbre a darte su atención.

Cuando lo hayas hecho algunas veces y tu perro esté en el modo entrenamiento, sólo debes empezar a caminar. Sujeta la correa y comienza a andar. Probablemente tu perro empezará a estirar, especialmente si han estado paseando en el pasado y ya es un hábito para él. Ahora es la primera y crítica etapa en el ejercicio. ¿Estás listo? Todo lo que debes hacer es detenerte. Simplemente párate y quédate quieto. No te muevas. No hagas nada. No tires de él. No chasquees la correa. No digas "no" o algo así. Simplemente párate y quédate quieto. Eso es todo.

Quizá él siga tirando de la correa. Tal vez se moleste o empiece a parecer consternado o algo así. Está bien, sólo permanece donde estás sin hacer nada. Después de un rato, y esperemos que no muy largo, él empezará a preguntarse "Ey, ¿qué está pasando?". Dejará de tirar y se volverá para mirarte y ver por qué te has parado y qué estás haciendo. Tan pronto como lo haga empieza a caminar de nuevo. No tires de la correa y le obligues a mirarte, eso tiene que salir naturalmente. En cuanto él deje de estirar y te mire, empieza a andar hacia dónde estabas yendo antes.

Por supuesto tan pronto como empiecen a caminar de nuevo, ¿qué hará él? Porque acabamos de empezar, ¿verdad? Bien, empezará a estirar de nuevo. En cuanto lo haga, para. Sólo deja de caminar. No tires de la correa, solo para. Ahora volverá a volverse para mirarte. Cuando lo haga vuelve a caminar de nuevo.

En este momento no hemos hecho clic y recompensa. No lo estamos recompensando por volverse y mirarnos porque no le hemos dado ninguna orden. No le has dicho que lo haga. Todo lo que le estamos enseñando es que tirar de la correa no funciona. Eso es lo que estamos intentando arraigar en su mente.

Eventualmente podrás decir que el método empieza a funcionar, y esperemos que no sea demasiado tiempo…Tal vez un día o dos. Pero al final, mientras caminas con tu perro, él dará un tirón y no tendrás que pararte. Tan pronto como tire se volverá y te mirará. Aquí es cuando sabrás que estás empezando a hacer progresos.

Lo creas o no, este es el truco para conseguir que tu perro camine con la correa floja. La clave del éxito es simplemente la repetición. Si tienes un perro que simplemente, ya sabes, tira de la correa como un loco, bien, tal vez su caminata termine después de, quién sabe, quince yardas, porque tienes que pararte cada dos segundos. Pero si esto es lo que pasa, esto es lo que hay. Después de algunos paseos lo entenderá y sabrá que estirar no funciona. Simplemente eso es lo que le estás enseñando con este ejercicio, que tirar de la correa hace que el paseo termine y todo se pare. Eso es muy fácil de entender para un perro.

Otra clave para esto es la constancia. O le enseñas que tirar no funciona, o le enseñas que sí lo hace. Pero los perros naturalmente quieren tirar de la correa, así que una vez hayas empezado, así es como deberá ser durante el entrenamiento. Si sólo avanzas 10 yardas en un paseo de media hora en el primer par de sesiones, bueno, así es como debe ser. Es la clave para que esto funcione. Si perseveras, tu perro aprenderá a caminar con la cuerda floja. Eso es todo.

Y por supuesto, la verdadera prueba es incluir distracciones. Lleva a tu perro donde haya otros perros cerca, o donde haya cosas que lo hagan tirar. Cuando lo haga te paras. Eres como un árbol, de hecho. Algunas personas llaman a esto "La técnica del árbol". Eres como un árbol que no se moverá hasta que el perro pare, se vuelva y te mire.

¡Quieto!

Es el momento de enseñarle al perro a estarse quieto. Es un maravilloso comando para aprender y ciertamente un magnífico comportamiento cuando se domina. Afortunadamente, también es simple. Así empezamos.

Primero de todo, debes tener muchas golosinas preparadas, golosinas que tu perro adore comer, y también asegúrate de que estén cortadas en trozos muy pequeños, de manera que cuando hagas clic y recompensa a tu perro no le lleve todo el día acabarse la chuchería. Empieza por ponerle la correa al perro y haz que se acueste. Esperamos que ya hayas entrenado y trabajado esto, de manera que sea relativamente fácil que se eche en el suelo. Si no es así, tal vez quieras dominar este comando antes de seguir con esta orden. Así pues, asumiendo que ya has construido los fundamentos anteriores, procedemos.

Pon a tu perro en la posición acostada, y cuando normalmente lo premiarías, espera unos segundos antes de hacer clic y recompensarlo. Repite el ejercicio. Atrae a tu perro a la postura, o simplemente dale la orden si es lo bastante avanzado, espera otros segundos, y clic y recompensa. Haz esto varias veces, hasta conseguir unos cinco segundos de retraso entre poner al perro en posición acostada y darle su premio. Una vez logrado esto, añade la orden "quieto" cuando lo recompenses.

Así pues, decimos "Buddy, abajo". Buddy se acuesta. Esperamos cinco segundos y decimos "quieto", luego hacemos clic y lo premiamos. Es así. Repite el proceso y, ya de paso, no debes hacer este ejercicio en particular más de dos o tres minutos a un tiempo, o tu perro se aburrirá. Trabaja el retraso de cinco segundos con la orden "quieto", y el próximo paso será acostarlo, tener los cinco segundos, entonces gentilmente dejas caer la correa y te alejas dos pasos. Esperas un momento y vuelves, dices "quieto", y clic y recompensa. Dale la orden audible. Básicamente lo que le enseñas al perro es que quedarse quieto es bueno, ¿no?

Si el perro se levanta, no pasa nada. No tienes que regañarlo. Simplemente no hagas clic ni le recompenses, y vuelve a empezar. Esta es la manera de lograr este comportamiento. Simplemente vuelve a comenzar, guíalo hasta acostarlo en el suelo, y cuando lo esté, clic y premio. El objetivo de este ejercicio es que gradualmente puedas apartarte más y más del perro cada vez, y lentamente aumentes la distancia que puedes estar apartado antes de volver, decirle "quieto" y hacer clic y darle su recompensa. Por supuesto que necesitas recompensarlo por estarse quieto, así él aprenderá que hacerlo genera el premio.

Recuerda, mantén estas sesiones en un tiempo corto, especialmente para este ejercicio. Una manera muy popular de incrementar la duración es lograr 30 segundos en cada sesión, y por supuesto lo más lejos que puedas estar de tu perro. Cuando sientas que es consecuente quedándose quieto y ya no tienes que ir y venir alrededor de él, y es bastante fácil que no se mueva, es tiempo de incluir distracciones.

Algo que puedes hacer para distraer a tu perro es, mientras estás a unos pasos de él, dejar caer tus llaves para generar un sonido de distracción. Si él continúa estirado, clic y recompensa. Ha conseguido un gran logro, porque se ha mantenido el comportamiento que le has estado enseñando durante la susodicha distracción. Quizá deberías darle muchas golosinas como premio para hacerle saber que lo ha hecho muy bien.

Una vez el perro consigue mantenerse acostado tras varias distracciones, mientras sigue echado en el suelo, introduce a otra persona en la habitación. Si se levanta y se distrae no pasa nada, sólo ignóralo. Como sea, no hagas clic ni recompenses, vuelve a empezar. Repítelo hasta que entienda que lo único con lo que conseguirá el premio es quedándose acostado.

Muchas sesiones de esto, con dos o tres minutos por sesión, deberían hacer que tu perro permaneciera en el suelo. La clave es la corta durada, y el crecimiento gradual del tiempo en que se queda quieto, y también de lo lejos que vas de él. Siempre se acaba con una muy buena nota con estos ejercicios, y si te empiezas a frustrar con el animal simplemente déjalo estar. Está bien. Lo que debes hacer es avanzar con diversión y amor hacia tu perro. Es como siempre ha funcionado mejor, y como conseguirás mejores resultados.

Otro método para enseñar el comando "quieto"

Ahora vamos a intentar otro medio para aprender la orden "quieto". Es un entrenamiento alternativo. Antes de empezar, quiero que entiendas que cuando se usa este ejercicio es muy importante ser gentil con tu perro, y más aún, no lo uses si tienes un perro pequeño, o frágil, o muy excitable y fácil de asustar. No es el único método; es mejor que utilices el anterior antes de probar este.

Si tienes un enorme y particularmente hiperactivo perro, este método puede ayudar un poco. Para empezar necesitas muchísimas golosinas. También necesitas un collar de hebilla, y debes atarlo con una correa. Es muy importante no usar un collar de estrangulamiento durante este ejercicio. Tampoco utilices uno muy apretado, y por supuesto nunca de dientes.

Vamos a empezar. Cuando tu perro esté atado ponlo en la posición costada, o con el comando, con la seña manual, o atrayéndolo con una chuchería. Recuerda, todo se construye sobre los fundamentos que ya hemos conseguido, de manera que si no puedes acostarlo no tiene caso enseñarle el comando "quieto". Necesitas dominar primero la orden "abajo".

Así pues, cuando el perro está estirado ya, deja la correa en el suelo y ponte de pie sobre ella. Dale mucho espacio, es decir, no lo ahogues, tu pie no debe estar justo al lado del collar, manteniendo su cabeza pegada al suelo. No es lo que quiero decir cuando te digo que te pongas sobre la correa. Dale un par de palmos, de manera que si intenta levantarse podrá hacerlo un poco pero no todo lo que querría, y así pensará "Ey, algo está impidiéndome ponerme en pie", ¿de acuerdo?

Mientras tu perro está acostado, y tú pisas la correa —recuerda darle un poco de espacio, no quieres hacerle daño— dale el comando "quieto". Él no va a entender lo que significa, pero notará que está en el suelo y no se mueve. Así pues, haz clic y dale un premio cada pocos segundos, mientras tu perro permanece abajo y no estira para marcharse. Cuando le des las golosinas asegúrate de no engañarlo sin querer, como atrayéndolo para que deje de estar acostado. No pongas la chuchería delante de él de manera que tenga que moverse; dáselo de la mano.

Idealmente deberías recompensarlo dándole chucherías justo junto a sus patas delanteras, o inclinándote y rápidamente dejarlas frente a su nariz en el suelo. No debes dejar que la golosina cuelgue frente a él.

No quieres que tense la cuerda para conseguirla. Si intenta levantarse durante el proceso, mantén el pie firmemente sobre la correa y luego haz que vuelva a acostarse. No debes quedarte sin hacer nada mientras él estira contra la cuerda, eso sólo lo sorprendería y asustaría. Tan pronto como empiece a tirar no debes hacer clic ni recompensarlo. Tiéntalo con una chuchería de regreso a la posición acostada. Tan pronto como deje de luchar y se quede quieto dile "quieto", y haz clic y recompénsalo de inmediato. Debes hacerlo sólo cuando esté inmóvil en la posición acostada.

Cuando hayan estado haciendo esto durante un minuto o así y él lo esté empezando a entender, es hora de parar el ejercicio. Debes apartar el pie de la correa y dejar que el perro se levante. No te preocupes si se pone en pie inmediatamente porque no hay alabanzas ni premios. Sólo le darás clic y recompensa mientras esté acostado y quieto.

Cuando reanudes el ejercicio, tal vez una hora después o algo parecido —es importante que no sea mucho tiempo, tu perro podría distraerse—, en fin, cuando lo hagas y empieces de nuevo, empieza a incrementar el tiempo en que el animal debe estar acostado. Es una buena idea añadir unos 30 segundos cada sesión. También es bueno hacerlo cada día durante una semana. Estamos hablando de una sesión de dos minutos al día, cada día, así tu perro debería ser capaz de quedarse quieto y haber entendido. Deberías poder guiarlo hasta la posición acostada, darle la orden "quieto", y él debería hacerlo y no moverse hasta que se lo dijeras.

Cuando llegan a este punto, es el momento de introducir distracciones. Porque, admitámoslo, que un perro se esté quieto es muy fácil si sólo están él y tú. No hay mucho que el animal pueda hacer, ¿verdad? Así pues, la clave es hacer que permanezca acostado aunque haya distracciones. Una buena primera distracción es, mientras él está en el suelo y quieto, que dejes caer tus llaves a un paso de ti. Si permanece quieto, clic y recompensa y dale la orden. Ha pasado un gran obstáculo.

Otra buena distracción sería lanzar un libro al suelo, o quizá una pelota cerca. Recuerda que debes darle la orden "quieto" y premiarlo cuando obedezca. Si no va tras la bola, clic y recompensa. Dale una golosina y alábalo mucho por superar otro obstáculo. Si intenta ir tras las llaves o la pelota, simplemente devuélvelo a la posición acostada. Por supuesto que no va a ser capaz de atraparla, ¿no? Tienes el pie sobre la correa.

De modo que sólo devuélvelo a la posición correcta y empieza de nuevo. Ciertamente no debes alabarlo ni premiarlo si intenta levantarse. Cuando esté acostado y deje de intentar ir por la pelota o las llaves, entonces le das la orden y haces clic y recompensa.

Con el tiempo deberías empezar a añadir más distracciones al ejercicio. Algo realmente duro para el perro es resistirse a otro perro, a un amigo dejando caer golosinas cerca, o cualquier persona llamándolo. Recuerda, todo esto está siendo construido sobre lo que ya hemos hecho en el pasado. Así que si tu perro quiere ir tras el otro perro simplemente pon el pie en la correa, de manera que no podrá alejarse de ti.

Por supuesto, no puedo repetir lo suficiente cuán importante es que no dejes que tu perro salga perjudicado de ninguna manera, así que si intenta correr y arremeter contra el otro, bien, necesitas retroceder a cosas más básicas antes de intentar esto. Su te arriesgas a que tu perro salga perjudicado en este ejercicio, o si es un perro débil o enfermo o pequeño, entonces este método no es el adecuado para ustedes. Este ejercicio es sólo para animales sanos y grandes. No puedo repetirlo lo suficiente. Seguro que lo entiendes, pero no puedo. De cualquier modo, si tu perro trata de ir a por la golosina o tras otro perro simplemente guíalo u ordénale que vuelva a la posición acostada. Espera a que deje de distraerse, y entonces, tan pronto como esté quieto unos segundos, haz clic y recompénsalo. Así entenderá que quedarse quieto es lo que funciona. Simplemente le estás enseñando que es eso lo que recibe un premio, y que responder al comando "quieto" es lo que consigue el clic y la recompensa.

Si constantemente sigues con este entrenamiento y lo haces corto y divertido, pronto tendrás un perro que se quede quieto entre muchas distracciones. Es un ejercicio entretenido. La clave para el éxito es la paciencia. Por supuesto, también depende del tipo de perro. Siempre hay que hacer clic y recompensar, y asegurarse de acabar en positivo.

Hacer que tu perro se siente y se quede quieto

Es el momento de la parte que me gusta llamar "para y siéntate". ¿Alguna vez has notado que algunas personas, cuando pasean a sus perros —atados—, tan pronto como dejan de caminar, el animal automáticamente se sienta a su lado y lo mira como diciendo "Vale, estoy justo aquí esperando para tu siguiente comando, siendo un perro perfectamente educado"? Es un ideal de perro para mucha gente, y afortunadamente es posible para ti. No es muy difícil.

Lo que debes hacer es simplemente caminar con tu perro con la correa floja como normalmente harías. Si no sabes hacerlo, por supuesto, debes volver atrás y revisar el ejercicio para aprender esa técnica antes de empezar con esta. También debes poder decirle a tu perro que se siente. Él debe saber ya cómo sentarse, usando tanto las señas manuales como las órdenes verbales.

Así pues, lo que debes hacer es salir y dar unos diez pasos con la correa floja. Ahora, antes de seguir, debo decirte que vas a necesitar ponerte en lo que llamaré "postura oficial" cuando te detengas. Puede parecer un poco rígido al principio, pero debes enseñarle a tu perro que cuando te detengas en esta postura eso significa que es momento de sentarse. De esta manera, cuando te diga que te detengas en el ejercicio lo que quiero decir es que dejes de caminar y te quedes quieto, erguido y con las manos a los lados. No te apoyes en un árbol ni te sientes ni te pongas a hablar con unos amigos. Debe estar "oficialmente" parado, ¿de acuerdo?

Vamos a seguir. Debes caminar unos diez pasos con tu perro a tu lado, andando con la correa suelta, tal y como han aprendido. Antes de detenerse, haz más pequeños tus pasos, y más estrechos, como los de un bebé. Mientras das estos pasitos quiero que cojas una golosina y guíes a tu perro a una posición sentada a la vez que te detienes.

Así pues están caminando juntos, él con la cuerda floja a tu lado, y decides detenerte. Mientras reduces el ritmo coges una chuchería y guías al perro hacia una posición sentada. ¿Recuerdas cómo hacerlo? Debes poner su nariz por encima de su nariz e ir hacia atrás, hacia la cola, y eso causará que se siente por instinto. Ahora está acostumbrado a ese movimiento, así que sabrá hacerlo en seguida. Debes hacerlo mientras aún estás dando los pequeños pasos.

Tan pronto como se siente, clic y recompensa. Eso es. No necesitas usar la orden verbal ni nada de eso. Tan pronto como se siente, haces clic y le das una recompensa, y lo alabas mucho. Ahora, si no se ha sentado mientras tú "oficialmente" te detienes —y recuerda que estás en la postura— entonces simplemente aguarda un minuto y él se lo imaginará por su cuenta: se sentará.

Tan pronto como lo haga, clic y recompensa. Si estás de pie durante dos minutos o algo así y el perro no se sienta y sólo te mira, guíalo a la posición, y cuando lo haga haz clic y recompensa. Después de hacerlo, especialmente si se toma mucho tiempo, dale muchas chucherías y mucho afecto, porque ha superado un obstáculo grande. Así aprende algo nuevo.

Si nada de esto funciona y el perro no se sienta cuando te detienes, simplemente debes llevar a cabo varias sesiones más de este ejercicio. Da unos diez pasos y vuelve a intentarlo. Sigue tentándolo usando una golosina junto a la seña manual de sentarse. Sigue haciéndolo varias veces para enseñarle lo que queremos que haga, dado que nuestros perros no son psíquicos. Y si no se sienta o, ya sabes, no es del tipo que hacen las cosas adecuadamente, si se sienta hacia otra parte o algo así, está bien. No te preocupes por ahora. Lo de moldear su comportamiento hacia una obediencia más rígida viene luego, si quieres.

Ahora, mientras consigues todo esto y él empieza a sentarse porque lo tientas con una chuchería, debes utilizar el mismo medio que has usado para todas las otras técnicas, que es dejar de usar eventualmente la golosina y utilizar sólo la seña manual. Si eres constante y haces que él se siente mientras tú te detienes —y recuerda pararte en la posición de oficial y tomar pasos pequeñitos antes de hacerlo—, si el perro consecuentemente se sienta, empieza a probar la seña sin la chuchería. Donde normalmente utilizas tu mano y la mueves con la golosina en dirección a su cola para que se siente, haz exactamente lo mismo pero sin la chuchería.

Tan pronto como obedezca de esta manera haz clic y recompénsalo, pero también alábalo abundantemente como señal de que ha superado un gran obstáculo en su comportamiento. Eso lo ayudará a entender "Ey, el hecho de detenernos es por lo que debo sentarme, no el señuelo". Porque si nos volvemos demasiado dependientes en el uso de utilizar la golosina para tentarlo y que se siente, bueno, nunca lo hará sin ella. Así pues, ciertamente no quieres verte obligado a llevar chucherías a todas partes cuando vayas con tu perro.

Si haces esto constante y consecuentemente, y este paso debe ser realmente fácil de aprender para tu perro y para ti, tendrás también uno de estos perros perfectos en tus paseos, que cuando te pares él se siente, y eso es genial. Parece que hayas dado el botón de pausa o algo así. Pero, por supuesto, él interactúa contigo. Así pues, disfruta del ejercicio. Diviértete, tu perro lo hará.

Como hacer que tu perro camine a tu lado

Es el momento de enseñarle a tu perro camine a tu lado cuando esté atado. La mejor manera de hacerlo, o de usarlo, también, es si estás en algún lugar atestado de gente, o si quieres mostrar a tu perro en una competición. Pero la mejor manera de usarlo en aplicaciones reales es, si estás caminando con tu perro con la correa floja y están en un área donde fácilmente puede distraerse, y quieres su atención y que permanezca a tu lado sin estirar.

Lo que deberías saber es que tener a tu perro caminado a tu lado no es algo para usarlo todo el tiempo. No vas a caminar durante treinta minutos y tener al animal así en todo momento. Simplemente no es la manera de funcionar para un perro. Es más bien una herramienta que puedes usar durante el paseo para tener su atención puesta en ti. En otras palabras, sólo debes usar esta orden cuando la necesites, y no siempre.

Otra cosa que debes saber es que se supone que debes usar esta orden sólo si tu perro ya sabes caminar con la cuerda floja, o pasear simplemente sin tirar la correa. Si aún estira de ti durante el paseo, no necesitas este ejercicio todavía. Debes volver atrás para enseñarle a hacerlo.

Así pues, asumiendo que tu perro ya sabe caminar con la correa floja, y asumiendo que entiendes que no debes hacer que este a tu lado todo el camino, es el momento de empezar. Antes de hacerlo, déjame explicarte oficialmente cual es la "posición de caminar a tu lado". Es simplemente tener a tu perro justo al lado, mirando hacia ti. Debes conseguir que su collar esté justo en la línea de tu pierna; digamos que llevas unos pantalones de costura, pues lo que quieres es esencialmente que su collar esté justo a la altura de esa costura. Muy simple.

Ahora, para empezar el ejercicio, vas a necesitar muchas golosinas —pequeñas— y deben ser muy, muy buenas, porque quieres que tu perro esté enfocado. Asegúrate de que sean sus favoritas. Lo ideal es comenzar en un lugar donde no haya demasiadas distracciones; lo mejor es empezar, si puedes, sin la correa.

Para llevar a tu perro a la posición deseada está bien usar una golosina si necesitas un señuelo. Así que haz que se siente justo en la línea de tu pierna, da un paso adelante y di su nombre. Así pues, das un paso, dices su nombre, y clic y recompensa.

Así es. Imagina que estoy de pie. Tengo a mi perro, Buddy, a mi izquierda en posición sentada. Tengo una golosina en mi mano izquierda. Doy un paso y digo "¡Buddy!", y hago clic y le doy el alimento. Lo que estoy haciendo es hacerle dar un paso conmigo, hago clic y lo recompenso casi a la vez, mientras digo "Buddy". Eso es todo. Este es el ejercicio en esta primera parte.

Obviamente ahora se complica, pero nuestro primer objetivo es simplemente que el perro de un paso mientras está en la posición de caminar al lado tuyo, eso es todo. Así pues, lo tienes en la posición, dan un paso y dices su nombre, y tan pronto como dan ese paso haces clic y recompensa. Doy el paso, digo "¡Buddy!", y clic y recompensa. Eso es todo. Luego paro. No hay más.

Tan pronto como el perro se termine la golosina, debes dar otros tres pasos, no demasiado largos, pero tres, y hacer clic y recompensar al perro mientras camina a tu lado en la posición. Entonces te detienes. No des más de esos tres pasos. De hecho, quizá debas usar solo dos pasos regulares. La clave es mantener la atención del perro, y no es algo fácil de hacer. Eso es por lo que debes empezar con distancias muy, muy pequeñas.

La primera vez que hagas esto tal vez tu perro no permanezca exactamente en la posición correcta de caminar a tu lado, y quizá su collar no esté geométricamente alineado con tu pierna. Está bien. Sigue adelante y recompénsalo por caminar cerca de ti, enseñándole a seguir, y empezará a entender: "Ey, debo ser el mejor en este juego. Esto es serio. Consigo golosinas por caminar con mi dueño. Es genial.". Por supuesto, debes alabarlo con entusiasmo cada vez que lo haga bien.

La clave para este ejercicio, para que sea un éxito, porque sé que suena muy básico hasta ahora…Pero tan pronto como empieces, te darás cuenta de que no es tan sencillo como parece…Es muy duro mantener la atención de un perro, especialmente teniéndolo en los talones. Así pues, debes practicar algunos minutos para empezar. Cinco o seis estarán bien. No quieres sobrepasarlo y hacer que no sea divertido para ustedes. Pero puedes repetir tantas veces como quieras. Tal vez quieras hacerlo cuando empiece el paseo, quizá en un pequeño descanso, o también por la noche durante dos o tres minutos.

Tan pronto como tu perro consiga permanecer consistentemente en posición junto a tí por dos pasos, empieza a incrementar la cantidad de pasos que des. Puedes empezar con cuatro, y, por supuesto, premiarlo con golosinas y entusiastas alabanzas.

Ahora, una vez conseguido que funcione con cuatro pasos, o con ocho, o los que sean, y tu perro consecuentemente permanezca en la posición adecuada y tú hagas clic y lo recompenses cuando lo haga, es el momento de empezar a usar el comando, la orden "talón". Es mejor utilizarlo junto al nombre del perro para mantener su atención.

Justo antes de dar el primer paso debes llamarlo y decirle "talón". Estás empezando. Estás parado aquí. Tu perro está en la posición junto a ti a tu izquierda. Das tu primer paso, y mientras lo haces, si fueras yo, dirías "Buddy, talón". Y debes decirlo en un tono dulce, positivo. Si el perro camina a tu lado, haces clic y lo recompensas.

En esencia es esto. Básicamente lo que te acabo de explicar es el truco para hacer que tu perro camine a tu lado. La repetición del ejercicio es la madre de todas las habilidades. Por supuesto, la repetición y el uso de golosinas que le gusten mucho al perro, y trabajar con él en un área libre de distracciones. También es importante recompensar a tu perro y alabarlo siempre que haga un buen trabajo. Así pues, si usas una voz buena y positiva, esto funcionará realmente bien. Quizá quieras premiarlo con tu amor y entusiasmo, porque, por básico que parezca, es el mejor premio para él.

De nuevo, como hemos hecho con todos los entrenamientos, empezamos de nuevo con un paso. Él toma el paso en posición de caminar junto a ti. Clic y recompensa por su buen comportamiento. Ahora haces dos pasos, y repetimos, él te sigue, clic y recompensa. Debes alabar a tu perro y hacerle saber lo feliz que te hace. Luego pasas de dos pasos a cuatro. Sigues construyendo constantemente. Recuerda no hacerlo demasiado largo.

Una vez puedas hacer esos ocho pasos con tu perro es hora de usar la orden. Utiliza su nombre con el comando, porque así tienes su atención tal y como aprendimos en el ejercicio correspondiente. Así pues dices su nombre y le das la orden. Clic y recompensa.

Eso es. Hazlo y construye sobre el ejercicio, y pronto podrás caminar con tu perro en correa floja, y tan pronto como entres en lo que yo llamo "zona de peligro" —un lugar con muchas distracciones— diez "Buddy, talón", y él se pondrá justo a tu lado. Y haces clic y recompensas por su buen comportamiento, por supuesto. Hazlo lo suficiente y tu perro te obedecerá. Es magnífico.

Ahora hablemos de los problemas que puedes tener mientras haces estos ejercicios, algunas cosas que tu perro querrá hacer antes de entender que estás intentando enseñarle algo nuevo. Usualmente puedes tener dos problemas. Tu perro intenta echar a correr lejos de ti porque algo lo ha distraído o porque está intentando conseguir la golosina de tu mano, o empieza a saltar en busca de la chuchería mientras caminas.

Bueno, ni una cosa ni la otra está en la posición de caminar junto a ti, así que debes corregirlo. Empecemos con el primero. Si el perro intenta echar a correr simplemente deja de caminar inmediatamente y llámalo por su nombre. Y sujeta la golosina fuera de su alcance. Puedes usar la chuchería para atraerlo de nuevo, y cuando esté en la posición de caminar a tu lado, das un par de pasos antes de hacer clic y recompensa.

Lo que estamos haciendo ahora es, cuando tu perro empieza a distraerse, simplemente recuperas su atención al llamarlo como siempre, ¿no? Es uno de los primeros ejercicios que hicimos. Luego sujetas la golosina y la utilizas como un cebo, casi como si hubiera un hilo invisible que guía la cabeza de tu perro hacia ella. Y así utilizas la chuchería para que regrese a una posición de caminar a tu lado. Una vez así, das un paso y haces clic y le das una recompensa por responder adecuadamente.

Es importante que permanezca en la postura adecuada antes del clic. No sirve simplemente que venga y se ponga en tus talones, ¿de acuerdo? Si camina hacia adelante o algo así, di su nombre o tiéntalo con una chuchería. No lo premies. Da un paso, y si sigue en tus talones, entonces sí, clic y recompensa. Con un poco de paciencia permanecerá en esa posición.

Ahora vamos a hablar del otro problema que podemos tener, lo que suele suceder con perros pequeños y excitables, y es que empiece a saltar para conseguir la golosina. Así, está en la posición de caminar a tu lado, pero saltando chasqueando, deseando la chuchería. Creo que "chasqueando" no es la palabra. No voy a insinuar que ut perro te ataque o te muerda, sólo que está un poco excitado.

Bueno, lo primero que debes hacer es intentar ignorarlo. Sólo al principio, porque el perro está en posición de caminar a tu lado de todos modos, y eso es bueno, ¿verdad? Con el tiempo deberás eliminar ese comportamiento.

Hay dos maneras para hacerlo. El primero es simplemente no hacer clic ni recompensarlo si salta; eventualmente se dará cuenta de que sólo permaneciendo quieto en la posición adecuada funcionará, y lo que no funciona es brincar. Esto necesita un poco de paciencia, como todas las grandes cosas, ¿de acuerdo? El segundo método es simplemente caminar más deprisa. Andar a un paso rápido puede prevenir que tu perro salte con facilidad, porque, ey, si está caminando deprisa le será más difícil ponerse sobre sus patas y brincar. Es otra manera. O puedes usar una combinación de ambas. Generalmente ambos métodos sirven para eliminar el comportamiento indeseado de saltar.

Cómo hacer que tu perro venga cuando lo llames...
Incluso cuando esté distraído

Es el momento de enseñarle a tu perro uno de los comandos más importantes que se le puede enseñar, y es el de venir hacia ti cuando lo llames. Algunos entrenadores se refieren a esto como "entrenamiento de rellamada" u "orden de rellamada". La razón de que sea importante es porque literalmente puede salvar la vida de tu perro. Si no tienes el total control sobre él y un día se escapa y echa a correr como una bala hacia una carretera con tráfico u algo así, y lo llamas —"¡Buddy, ven!"— y te ignora, tiene muchas posibilidades de que suceda una desgracia. Ser capaz de controlar a tu perro en estas difíciles circunstancias es absolutamente indispensable.

Afortunadamente es muy fácil enseñarle esto a tu perro, pero requiere entrenamiento constante durante toda la vida de tu perro para seguir reforzando lo aprendido. Quizá tengas ahora un perro anciano. Tal vez tienes un perro a ratos, y sólo está contigo a veces. Es engañoso a veces cuando un perro es un cachorro, porque los cachorros tienden a ir hacia ti más a menudo. Pero como tu perro se hace mayor, no eres nuevo para él y el resto del mundo se vuelve un poco más fascinante. Así pues, tener un perro que viene a veces no es lo suficientemente bueno, especialmente para los mayores. Esto es por lo que es importante realizar estos ejercicios sin importar dónde estés durante el comportamiento de tu perro.

La forma más fácil de empezar es teniendo preparadas algunas chucherías, de las favoritas del perro, las mejores que tengas. Ten listo tu clicker, o la palabra puente. Estate preparado para divertirte…y ser paciente con tu perro. Ahora lo que debes hacer es ponerte lejos de él y hacer que venga por su cuenta. Mientras lo hace, cuando esté a unos tres o cuatro pasos, di "¡Buddy, ven!" en un tono realmente feliz.

Tan pronto como llegue a tu lado, abrázalo, alábalo, haz clic y recompénsalo. Haz como si hubiera hecho la mejor cosa del mundo. Básicamente lo que le estás enseñando es que venir hacia ti es mejor que cualquier otra cosa. Eres el rey. Eres más importante que una ardilla que esté cazando o un coche que parece fascinante, u otro perro que penetra en su territorio. Sigue adelante y repite el ejercicio muchas veces. Por supuesto debes mantener el entrenamiento divertido, y detenerlo cuando deje de serlo.

Cuando reanudes el ejercicio deberás agregar más pasos. Pero lo verdaderamente importante es que tu perro asocie la palabra "ven" con ir hacia ti y conseguir una chuchería. Naturalmente las cosas son un poco más difíciles cuando introducimos distracciones en la habitación, y tal vez llevarlo fuera o distraerlo con comida. Pero por ahora estos primeros pasos son importantes. Si ya le has enseñado a tu perro a que venga y todavía no lo hace del todo bien es mejor empezar con este nivel de principiante.

Ahora avancemos al segundo paso de enseñarle al perro a venir. En este punto asegúrate de tener muchas golosinas, y el clicker si lo usas. Ponle un collar de hebilla —no de ahogamiento ni nada similar, sólo un collar normal y corriente de toda la vida— y ponle una correa bien larga —de unos ocho o diez palmos—. Mientras tu perro está sentado o acostado frente a ti, sostén la golosina con una mano y dile "ven". Normalmente decir su nombre es aún mejor, como "Buddy, ¡ven!". O si quieres usar otra orden diferente, puede ser "Buddy, ¡aquí!". Es importante que utilices siempre la misma orden. No quieres que varíe y confunda al perro, así que si empiezas con un comando concreto, sigue con él.

Así pues, tienes la correa en una mano, el perro está lejos de ti. Dices "Buddy, ¡ven!". Tan pronto como empieza a venir, lo alabas, haces clic y lo recompensas. Si tarda demasiado con suavidad le das un leve tirón. No lo arrastres ni nada parecido, sólo guíalo en tu dirección. Cuando haya entendido la idea déjalo hacerlo por su cuenta, y cuando llegue a ti, clic y recompensa. Repite el proceso entre seis y siete veces al día. Tal vez quieras hacerlo durante varios días si tu perro no viene tan a menudo como quisieras. Pero asegúrate de que sea constante en venir con la correa corta, de entre seis o diez palmos, antes de proceder con el siguiente paso de conseguir que vaya a tu lado en la distancia.

Es el momento de dar un pequeño paso con el entrenamiento y añadir algo de dificultad. Es muy fácil, como probablemente has notado, que tu perro venga hacia ti cuando sólo hay seis u ocho palmos de distancia, o diez a lo sumo, y está al otro lado de la correa, y además tú estás sujetando golosinas que puede ver u oler. Así pues, el siguiente paso es una correa más larga, de unos 25 palmos o más.

Entonces deja que el perro se distraiga y vaya todo lo lejos que pueda de ti, y entonces dale la orden, algo así: "Buddy, ¡ven!". Con suerte, se volverá y empezará a caminar hacia ti. Si lo hace, estupendo; cuando llegue a tu lado, haz clic y recompénsalo como un loco. Debe parecer que tu perro simplemente ha caminado sobre el agua y ha salvado la vida de cientos de niños hambrientos en alguna parte. Quiero decir que es mucho que lo haya logrado, y debe ser recompensado abundantemente.

Pero si no viene inmediatamente, está bien. Sólo chasquea la correa, nada que asuste al perro, nada que le haga daño. Nada drástico, sólo un leve chasquido para reclamar su atención. Entonces inténtalo otra vez.

Si se vuelve y te mira, alábalo. Entonces dale la orden otra vez. Si viene, clic y recompensa. Si no, o si se detiene a medio camino, reclama su atención con un leve tirón. Cuando finalmente llegue a ti, clic y recompensa. Y mientras de los últimos dos pasos prémialo y alábalo muchísimo.

En este punto debes repetir el ejercicio cada día. Utiliza tantas situaciones diferentes como te sea posible: el campo, el parque, cualquier cosa, usa muchas distracciones. Aquí es donde empezamos a cumplir, porque quieres que venga en medio de todas estas distracciones.

Tu siguiente paso es quitar la correa y repetir el proceso. Empieza cuando el perro esté a unos diez pasos de distancia. Llámalo, "Buddy, ¡ven!". Cuando lo haga, clic y recompensa. Y de nuevo, una recompensa bien grande la primera vez. Algunos entrenadores lo llaman "el premio mayor". De veras quieres demostrarle que ha logrado superar un gran obstáculo y estás muy contento con él.

Luego simplemente hay que incrementar la distancia entre los dos, logrando que venga siempre a tu llamada, y luego incluir distracciones varias. Incluyes una, aumentas la distancia, y al final tu perro irá a tu lado en medio de cualquier clase de distracción cuando se lo mandes.

Cómo enseñarle a cualquier perro rápida y fácilmente a no orinarse dentro de casa

Es hora de hablar de enseñarle a tu perro a que no se orine en casa. El método que voy a compartir contigo funcionará si tienes un cachorro nuevo que has traído a casa, o si tienes un perro adulto y aún tienes ese tipo de problemas con él. Afortunadamente, enseñarle esto a un cachorro es como enseñarle a un adulto, así que vamos bien.

Antes de empezar debes saber que la prevención es la mejor cura. Verás, cuando un perro hace sus necesidades en la casa suele pasar que llegas, lo descubres y riñes al perro diciendo "¡Malo! No debes hacer esto en casa, ¡no lo hagas!".

Bueno, desgraciadamente un perro no entiende lo que le estás diciendo. Su limitado cerebro dirá "Oh, vale. Mira. Hay orina en el suelo y eso es malo." No entenderá que esa orina la ha dejado él, y que tú no quieres que lo haga. Eso es por lo que debes haber notado que tienes un perro que hace sus cosas dentro y luego va por ahí con aspecto culpable, como si supiera que está en problemas. Algunas personas no lo consideran frustrante porque creen que esos perros saben que no se supone que deban hacerlo. Bien, no lo saben.

Verás, cuando está haciendo sus cosas no se da cuenta de que hace algo mal. Sólo cuando se vuelve y dice "oh, dios, hay orina en el suelo. Tío, va a volverse loco". Así que debemos entender esto y tener en mente que, como he dicho, la prevención es lo mejor.

Hay muchísimas teorías conflictivas sobre cómo enseñarle a hacer pipi fuera de casa adecuadamente. La que considero más efectiva es usar una caja. Si no la tienes, usa algún tipo de pequeña área cerrada. Ahora recuerda, este entrenamiento no es cruel; es simplemente una herramienta que usas para enseñarle a tu perro dónde está bien que haga sus cosas. No estoy sugiriendo que dejes a tu perro en la caja durante días ni nada inhumano.

Antes de empezar vamos a hablar de las normas y los hechos de este entrenamiento. Primero, como ya he dicho, tu perro adulto puede aprender de la misma manera que tu cachorro, y eso es bueno. Lo segundo que debes saber es que si tienes un cachorro, tendrá una capacidad muy limitada en su vejiga, así que sería bueno llevarlo fuera a hacer sus necesidades antes de que le fuera absolutamente imposible retenerlas.

Otra cosa que es bueno saber es que tu perro va a ser más receptivo al entrenamiento cuando tenga una rutina y un horario fijo. Así que si lo llevas a pasear a las 11:30 de la mañana, intenta que sea todos los días a la misma hora. Y también intenta sacarlo cada noche para aliviarse. Cuando empieces una rutina, síguela. Tu perro se acostumbrará a estas cosas y cualquier cosa será mucho más fácil y efectiva.

Ahora, esto es lo que hace que el entrenamiento de la caja funcione tan bien…y es que los perros y cachorros siempre quieren dormir en lugares limpios. De hecho, les gusta estar limpios. Creo que a todos los animales, excepto tal vez a las ratas, les gusta estar limpios y no acostarse rodeados de sus propios excrementos. Es de sentido común,

¿no? Así que cuando estás usando la caja el perro hará cualquier cosa para evitar ir al baño en ella, y por eso es tan efectiva.

Una última cosa típica de los perros es que necesitan ir al baño casi siempre justo antes de ir a dormir. También necesitan ir fuera y aliviarse sobre una media hora o tres cuartos después de comer. Y siempre deben hacer sus cosas tras una siesta o en cuanto se levantan. Si no dejas que tu perro vaya al baño en estas ocasiones vas a incrementar considerablemente las posibilidades de que lo haga dentro de casa. Así pues, una buena manera de evitar que suceda es simplemente sacarlo fuera en estas ocasiones. Siempre llévalo a dar un pequeño paseo justo antes de dormir, y por la mañana en cuanto se levanten. Lo mismo después de comer; espera una media hora y luego llévalo a dar una vuelta para que pueda hacer sus necesidades. En sí mismo este acto es el paso más grande a la hora de enseñarle a ir al baño. Si eres constante en esto tendrás muy, muy buenos resultados.

Pero hablemos sobre cómo conseguir que tu hogar esté libre de accidentes. Como he dicho antes, vas a necesitar el uso de una caja o un lugar pequeño y confinado en el que poner a tu perro durante el proceso. Puede parecerte algo alarmante, o quizá ya estés familiarizado con la idea del entrenamiento de la caja.

Si la idea de poner a tu perro en una caja o confinado te hace sentir inseguro al respecto, no te preocupes. En realidad los perros prefieren tener un lugar que consideren seguro, o una guarida donde pasar el tiempo. Este es el motivo por el que tu perro invariablemente tendrá en el jardín un lugar favorito, o un rincón en la casa, o algo así. Es su naturaleza, así que para entendernos, en su cerebro buscan una guarida. Básicamente, en lugar de pensar en esta caja como una jaula en la que pones a tu perro, lo que estás haciendo en realidad es creando un lugar seguro para él, una madriguera donde tenga su pequeño espacio privado.

Hablemos de la caja. Para el resto de la sesión la llamaremos así, la caja, aunque no lo sea, porque también puedes usar un área cerrada o cualquier otra cosa. Como sea, el tamaño de la caja debe ser pequeño. El perro debe ser capaz de dar la vuelta en ella y poderse mover confortablemente, pero no debe ser tan grande como para que pueda correr y jugar y tenga un montón de sitio. Esto no sirve a nuestro propósito. Quieres que sea lindo y acogedor, de modo que el tamaño es importante.

Ahora lo que debes hacer es dejar a tu perro solo en la caja un rato, mientras sales de la casa. Obviamente si estuvieras con él podrías prevenir los accidentes sacándolo fuera cuando pareciera querer ir al baño. Así que como vas a dejarlo sin supervisión vas a necesitar algunas cosas para él. Por supuesto necesita agua; lo mejor que puedes hacer es comprar un plato que puedas atar a un lado de la caja. De esta manera es más difícil para él volcarlo. También debes poner una pequeña cama, algún tipo de colchón o cojín, si tienes uno, para que se sienta cómodo. Y poner uno o dos juguetes para que se divierta. También es una buena idea poner algunos periódicos bajo la caja, para que si hace sus cosas —es probable que suceda al principio— sea más fácil de limpiar.

Es posible que tu perro se alarme, especialmente si es mayor, las primeras dos o tres veces que lo pongas en la caja. No dejes que te asuste. Es sólo porque se trata de un lugar nuevo. Obviamente debes asegurarte de que no esté hambriento ni nada de eso, pero si ya está alimentado y ha hecho sus cosas, puedes ignorar cualquier gañido o ladrido o súplica. Garantizado, puede no gustarle mucho al principio, pero es mejor que tener la casa oliendo a pis de perro.

Una vez esté acostumbrado a la idea de estar en la caja y se encuentre más receptivo, es hora de ponerlo dentro, hacer clic y darle una chuchería. Así empezará a asociar la caja con una acción positiva. Entiende que esto es lo que quieres de él y piensa "Ey, cuando estoy aquí recibo una recompensa." Así que ahí tienes una pequeña información que puedes usar para hacer que el proceso de entrar en la caja sea más fácil para tu perro.

Como he dicho antes, la caja debe convertirse en un lugar seguro para tu perro. Se convertirá en su guarida, y puede ser también el lugar donde duerma a partir de ahora. Probablemente se convierta en el lugar donde lo alimentes. Es muy importante que sea así, porque por naturaleza los perros quieren que su guarida esté limpia…especialmente si comen en ella. Nadie quiere comer y dormir rodeado de excrementos, así que tenlo en cuenta.

Empecemos con el día uno. Cuando es el momento de alimentar a nuestro perro, hagámoslo en la caja. Pasarán dos cosas. Primero, hará que vaya a la caja y la asocie con la comida; como tu perro ama comer, eso lo pondrá feliz. Y lo segundo, deberás mantenerlo confinado durante 30 o 40 minutos después de comer.

¿Recuerdas que dijimos que el perro debe ir al baño media hora o tres cuartos después de comer? Bueno, ¿sabes dónde estará ahora? Seguirá en la caja. Sentirá la urgente necesidad de hacer sus cosas pero pensará "Espera. Estoy confinado donde he comido. Y aquí está mi cama. No creo que deba hacer mis cosas aquí". Eso es genial. Es exactamente lo que queremos que entienda.

Tan pronto como lo dejes salir de la caja, tras unos 45 minutos, sácalo fuera para que pueda hacer sus cosas. Si tienes un cachorro tómalo en brazos y llévalo así. A menudo los cachorros hacen sus cosas inmediatamente al salir de la caja, así que no te entretengas dando vueltas por la casa. Tras media hora o tres cuartos después de comer, abre la caja, ponle la correa al perro y sácalo a dar una vuelta para que vaya al baño.

Tu perro debería hacer sus cosas tan pronto como llegara fuera. A veces puede que necesite unos momentos para pensárselo. Camina con él y déjalo meditarlo, pero en cuanto haga sus necesidades haz clic y prémialo como un loco. Esto es lo que queremos, ¿no? Le estamos enseñando que:

A. No quieres que haga sus cosas donde come y duerme; esto es instintivo.

B. Cuando vaya al baño fuera de casa pasarán cosas buenas.

Pasa algo de tiempo con tu perro. Haz ejercicios o juega relajadamente con él, estrecha lazos. Y cuando se haga de noche ponlo en la caja de nuevo. Recuerda, si es nuevo para él recompénsalo tan pronto como lo dejes dentro para que la asocie con cosas buenas. Que lo asocie con comida y con un lugar confortable.

El primer día, especialmente si tienes un cachorro, puede que llore mucho durante la noche. Si empieza a llorar y suplicar en cuanto lo pones en la caja puedes ignorarlo; ya ha ido al baño, has pasado mucho tiempo con él, ha comido, todo está bien, simplemente no le gusta la caja. Está acostumbrado a rondar contigo en la casa y a usarla como baño, ¿verdad?

Pero si se levanta muchas veces, y especialmente si es un cachorrito y empieza a lloriquear en medio de la noche, probablemente sea una señal de que debe salir. Sería bueno sacarlo y llevarlo a dar una vuelta; sé que debes estar cansado, pero esto es parte del juego y la responsabilidad de tener un perro. Sácalo. Tan pronto como haga sus cosas, clic y recompensa. No te pongas como loco esta vez, solo haz clic y recompénsalo. Luego regresa y ponlo en la caja.

La razón por la que no quieres jugar con él ni ponerte como loco en esta ocasión es porque no quieres que se excite. Debes hacerle entender que la noche es el momento para dormir. Todo debe calmarlo y hacerle ver que no es momento de jugar. De otro modo, en cuanto lo dejaras en la caja se pasaría la noche llorando y ladrando para que jugaras con él otra vez.

Hablemos ahora del día siguiente. Tan pronto como te levantes debes sacar a tu perro fuera; si es un cachorro tómalo en brazos, pero si es mayor ponle una correa y sácalo. No te distraigas, no hables ni vayas a ver a tus hijos ni nada. Ve directamente fuera y deja que tu perro haga sus cosas.

Tan pronto como lo haga, clic y recompensa, alábalo mucho de manera que entienda que ha hecho algo muy bueno. Entonces puedes volver a casa y jugar abundantemente. Cuando sea tiempo de comer, debes alimentarlo en la caja. ¿Por qué? Por las mismas razones que vimos anteriormente.

Queremos que asocie la caja con un lugar donde come, que sea su guarida, su lugar seguro. También queremos que permanezca confinado durante unos 45 minutos después de comer para poder llevarlo luego al baño.

Antes de soltarlo, por supuesto, deberás llevarlo a dar una vuelta para ir al baño. Recuerda, acaba de comer, así que naturalmente necesitará hacer sus cosas un poco después. Así que de nuevo abre la caja, y sácalo, sin distracciones ni paradas, y cuando se alivie fuera haz clic y recompénsalo. Alábalo mucho, y luego volved dentro. Cuando llegue el momento vuelve a ponerlo en la caja, y especialmente si aún es algo nuevo, recompénsalo tan pronto como lo hagas.

Durante la mañana, después de que tu perro haya ido al baño o después de haber salido, es importante no permitirle que vague libremente por la casa, y la razón de esto es porque podría ir de hurtadillas al lugar donde antes solía hacer sus cosas y aliviarse allí, especialmente si es un perro mayor. Quizá esté tratando de marcar su territorio. Y los cachorros tienen por costumbre explorar un poco y dejarte sorpresas. Así pues, cuando vuelvan de pasar algún tiempo fuera, antes de empezar con tu rutina asegúrate de cerrarlo en alguna parte. Ponlo en una habitación concreta. No le dejes ir por todas partes, especialmente si tienes una casa grande, porque esto invita a accidentes.

Los perros, igual que nosotros, tienen una capacidad limitada en la vejiga. Como mucho pueden aguantar lo que tú o yo antes de aliviarse. Los cachorros tienen menos aguante que los perros adultos; así pues aquí está la línea, nos guste o no. Si tienes un cachorro o tal vez un perro anciano con una capacidad más bien limitada, debes dejar salir a tu perro de la caja para hacer sus cosas cada tres horas o así. Es una necesidad.

Así pues, cuando es la hora del descanso debes ir a casa y sacar a tu perro de la caja, alabándolo cuando vaya al baño fuera. De hecho, si tienes que ir a trabajar a las nueve, es perfecto dejarlo entre las nueve y la hora del almuerzo. Si es posible, entonces vuelve a casa, saca al perro de la caja, llévalo a hacer sus cosas y recompénsalo cuando lo haga. Se convertirá en el momento de ir al baño para él.

Si haces esto durante el desarrollo del perro, especialmente durante su infancia, mientras el control de su vejiga crece, no deberás volver tantas veces durante el día y podrás dejarlo solo en la caja durante más horas. De hecho, la idea es que la caja deje de ser necesaria después de un tiempo, pero por ahora debes usarla. Si no, es posible que tu perro vaya a hacer sus cosas en ella. Así que recuerda, cada tres horas más o menos debes repetir la misma rutina.

Cuando regresas a casa tras la jornada laboral, inmediatamente debes sacar al perro, y asumiendo que has vuelto para la comida tu perro ha estado en la caja por otras cuatro horas más o menos, de modo que tan pronto como llegues lo primero que debes hacer es sacarlo —sin distracciones, no mires el contestador ni cojas algo de la nevera—, llevarlo fuera y dejar que haga sus cosas.

Cuando lo haga, clic y recompensa. Alábalo abundantemente, como si hubiera hecho la mejor cosa del mundo. Luego eres libre de pasar tiempo con él, llevarlo a pasear, jugar, practicar algunos ejercicios…Lo que quieras.

Cuando sea el momento de darle comer haz como el día uno, hazlo en la caja y déjalo en ella durante 30 o 45 minutos. Cuando tenga que ir al baño —porque, como hemos dicho, recuerda, lo necesita normalmente unos 45 minutos después de comer— ábrele, llévalo fuera y deja que haga sus necesidades. Deberían necesitar sólo unos pocos días para que ambos se acostumbraran a la rutina. El perro entenderá realmente rápido, porque lo recompensas por hacer algo positivo, que es hacer sus cosas fuera, y por instinto evita hacerlo cerca de su guarida. Lo evitará a toda costa. Y quién no, ¿eh?

Eso sí, por muy bien que funcione el método, el caso es que, especialmente si tienes un cachorro nuevo, vas a tener algunos accidentes; es inevitable. Cuando suceda, aquí está lo que jamás debes hacer. No restriegues su cara en ellos; no sé a quién se le ocurrió esta idea, pero es un cuento de viejas; no sirve de nada, sólo es cruel y no te ayudará. Y desde luego no quieres golpearlo ni hacerle daño de ninguna manera.

La razón de todo esto es porque el cerebro de un perro no funciona como el nuestro. No va a entender nada cuando ha ido al baño hace una hora y ahora tú te enfureces. No va a entender nada parecido a "oh, vale, se enfada porque he hecho mis cosas alrededor de las 3:30". Va a darse cuenta de que te enfadas justo ahora, pero no entenderá qué sucede. Quizá se dé cuenta de que te enfureces con la orina y con él, así que asociará la orina con tu enfado, pero cuando haga sus necesidades no entenderá que le ocasionará un problema. Así que este tipo de correcciones negativas no benefician a nadie.

Si tu perro hace sus cosas dentro de casa, algo que definitivamente no debes hacer es limpiarlo delante de él. No puedes dejar que piense "Ey, esta persona va a limpiar siempre después de mí, genial". Así que sácalo de la habitación y luego limpia; cuando hayas terminado haz todo lo que puedas para que el olor desaparezca, no sólo por ti y la limpieza en general, sino porque la nariz de los perros es más fuerte que la nuestra, e instintivamente hacen sus cosas en el mismo sitio cada vez, como si marcaran el territorio.

Una manera de quitar todo el hedor a, por ejemplo, orina, es fregarlo con el máximo líquido posible. Luego rocíalo con bicarbonato de sosa y deja que se absorba el olor; luego quita todo el bicarbonato, y ya está. Otra cosa que puedes intentar es agua tibia, algo de jabón de los platos y un pelín de vinagre blanco, quizá también un poco de limpiacristales. Lo que jamás debes usar es nada que contenga amoníaco. La orina de perro tiene amoníaco, así que echándole más sólo le estarías indicando al perro dónde está. "Ey, aquí está el lugar donde tengo que marcar un poco más.". Así que olvídate de los limpiadores con amoníaco, no ayudan.

Puede que encuentres un quita-olores en tu tienda de animales, o en una droguería. No necesitas grandes marcas ni nada parecido, sólo asegúrate de limpiar tan pronto como puedas y hacerlo a fondo.

Y eso es todo para el entrenamiento de tu perro. El método funciona. La clave, como siempre, es la paciencia, y el kit de la cuestión es prevenir un accidente en primer lugar. No puedo repetir lo suficiente cómo de diferentes son los perros de nosotros a la hora de pensar en algo que no deberían hacer.

Simplemente ellos no hacen esas conexiones. Así que por más que intentes enseñarle que es un mal perro por hacer sus cosas en la cocina…Lo que debes hacer es enseñarle que es bueno que lo haga fuera, y por instinto lo hará.

Cómo evitar que tu perro salte sobre ti y tus amigos

Un problema habitual de los dueños y los amantes de perros es tener animales que salten sobre la gente. Tanto puede ser que llegues a casa y tu perro salte sobre ti, como que salgas donde está él y haga lo mismo. Excitadamente salta como una forma de darte la bienvenida, y como norma general es agradable, no está siendo agresivo, ¿pero no te da la sensación de que te salta encima justo cuando llevas tus mejores ropas? Eso solía pasarnos a Buddy y a mí. Quería ponerme mi nuevo traje para ir a la iglesia o algo así, pero tan pronto como ponía un pie fuera Buddy decidía mostrarme su afecto saltándome y frotando sus sucias pezuñas en mi ropa.

Bien, escucha, no estás solo en esto, y la buena noticia es que es fácil arreglar este problema. La forma en que empieza es cuando tu perro es un cachorro, seguramente recuerdas estar viendo la televisión sentado, y el perrito viniendo a tu lado y poniendo sus patitas en ti, o quizá alzándose en sus patas traseras para saludarte y lamerte la mano. Y probablemente recuerdas haberte inclinado diciendo "¡Oh, qué chico tan mono!", y acariciando su cabeza, porque todos aman cuando sus cachorritos les muestran amor, ¿verdad? Por supuesto.

Bien, lo que realmente pasa es que le estamos mostrando nuestro cariño en este momento, pero también le estamos enseñando que poner sus patas en nosotros y saltarnos encima es bueno, y le proporciona atención por nuestra parte. Desde ese mismo instante estamos sembrando la semilla del mal comportamiento, que es, sin duda alguna, brincar sobre la gente.

Afortunadamente es fácil de arreglar. La razón por la que tu perro salta sobre ti probablemente es porque ha aprendido que eso le proporciona atención, y a veces es positiva, porque lo acariciamos o jugamos con él y decimos "Oh, ¿no eres un chico adorable?". O tal vez lo zarandees un poco, si estás de humor para esos juegos. O algunas veces le das una atención negativa, diciendo cosas como "No, Buddy, abajo, sabes que no debes saltar, abajo, para". Pero sigue siendo atención, y es lo que tu perro anhela a su particular manera.

Así pues, vamos a hablar de reentrenar a tu perro y cambiar su idea de conseguir tu atención saltando sobre ti. Cuando empieces este ejercicio deberías llevar ropas sucias o viejas, y saber que tu perro va a brincar al menos al principio. Lo que debes hacer es, bueno, piensa cuándo tu perro está más dispuesto a saltar sobre ti. Para mucha gente es tan pronto como llegan a casa del trabajo; el animal está excitado y salta sobre ti, y es el típico momento. También puede darse el caso cuando vuelves de comprar o algo así. Así pues, determina este momento y aprovéchalo para empezar el ejercicio.

Aquí está lo que debes hacer. Entra en casa o regresa normalmente. Estoy usando el ejemplo de volver después del trabajo, en este caso. Llegas con normalidad y tan pronto como el perro salta sobre ti, permaneces inmóvil. No haces nada. No dices "no". No le das atención en absoluto. Básicamente te conviertes en un árbol, como cuando le enseñaste a tu perro a caminar con la cuerda floja. Tienes que hacer lo mismo. Te conviertes es un árbol y lo ignoras totalmente. Pero debes mirarlo de refilón, sin que lo sepa, no hagas contacto ocular directo ni te muevas hacia él de ningún modo, pero asegúrate de estarlo viendo.

Eventualmente tu perro se cansará de ser ignorado y parará de saltar. En cuanto sus patas toquen el suelo, entonces le das atención. Acarícialo, alábalo, haz clic y recompensa. Dale una chuchería. Luego espera un minuto o dos —o, si está muy excitado, un par de segundos—, y si sigue con las patas en el suelo vuelve a recompensarlo, dándole mucha atención. Repite el proceso varias veces.

Lo que está sucediendo es que le estás enseñando a mantener las cuatro patas en el suelo, y eso es bueno, eso es lo que funciona. Eso le da atención por tu parte. Recuerda, tu perro probablemente brincaba sobre ti porque en algún momento, conscientemente o no, se le había premiado y dado atención por ello. Y claro, incluso la atención negativa es atención para él, al fin y al cabo.

Cuando hayas pasado unos 45 segundos en este ejercicio date la vuelta y vete. No le des más atención. Lo que debes hacer es dejarlo solo un momento y al volver seguramente saltará sobre ti. Bueno, en realidad, el punto es que no vuelva a hacerlo, pero no es muy realista. Demasiado pronto. Necesitamos repetir el proceso.

Así que volvemos a empezar, condúcelo al momento en el que más probablemente salta sobre ti, y eso hará que vuelvas a salir y entres de nuevo. Entras, tu perro falta sobre ti, repites. Tan pronto como ponga sus patas en ti te quedas inmóvil como un árbol, lo ignoras — ningún tipo de atención, ni siquiera contacto ocular—, y tan pronto como deje las patas en el suelo, te agachas y le das toda la atención que puedes, haces clic y lo recompensas y lo alabas. Mientras permanece en el suelo sigues premiándolo cada pocos segundos, para que entienda que esta es la manera de conseguir más atención y cariño.

Recuerda, los perros se mueven hacia las cosas, no lejos de ellas. Su natural comportamiento es conseguir algo antes que evitarlo, mientras que muchas veces los humanos hacemos ciertas cosas para evitar otras, como que no saldremos a robar el coche de nuestro vecino para evitar ir a prisión. Obviamente es sólo un ejemplo tonto, pero es el tipo de cosa que debes entender. Los perros no; ellos realizan acciones para ganar algo, no para evitarlo. Se mueven hacia algo.

Así que, en este caso, estamos reforzando su natural urgencia para ir hacia algo con una recompensa. En la mente del perro simplemente está diciendo "Ey, si pongo las cuatro patas en el suelo recibo una golosina". Sigue adelante, y no pasa nada si sigue saltando sobre ti al principio, aunque te recomiendo no utilizar tus mejores galas para este ejercicio.

Ahora, cuando deje de saltarte encima de manera constante, es hora de incluir distracciones. Tu perro ciertamente no salta sólo sobre ti, ¿verdad? Seguro que también lo hace sobre tus amigos y familiares. En este punto necesitas un ayudante, así que trae alguno de esos amigos contigo; pídele que traiga ropas viejas que no le importe ensuciar, y deja que tu perro le salte encima. Que haga exactamente lo mismo que hiciste tú: permanecer estático como un árbol.

Ahora que ambos estáis aquí, cuando tu perro ignore a tu amigo y ponga las patas en el suelo, haz que ese amigo le dé una golosina al perro, lo recompense.

En términos técnicos, esto es todo lo que tienes que hacer para que no salte. Ahora dirás que parece muy fácil, ¿eh? Simplemente ignoras al perro, y lo recompensas cuando sus cuatro patas están en el suelo. De todas formas requiere disciplina en el entrenamiento, debes ser constante. Será muy difícil al principio, pero lo tienes que lograr.

Constancia y repetición son la madre de esta habilidad, en este particular ejercicio. Así que si eres constante a la hora de recompensar a tu perro cuando pone las cuatro patas en el suelo, y si eres constante en no prestarle atención cuando brinca, tendrás resultados pronto. Si no lo eres, si dejas que salte a veces o le dices "¡No! ¡Abajo!", me temo que va a ser mucho más difícil conseguir nada.

Deberías ver que tu perro deja de saltar completamente en cuestión de días. Probablemente con una semana de entrenamiento constante sea suficiente para conseguirlo. En otras palabras, si interrumpes su comportamiento y lo reemplazas verás resultados muy deprisa.

Así pues, disfruta de este nuevo y estupendo comportamiento. Disfruta de la libertad de no tener que preocuparte sobre si te salta encima cada vez que llegas a casa.

Cómo enseñar el truco "buscar y traer"

Vamos a enseñarle a tu perro cómo encontrar su juguete favorito, o cualquier cosa, en realidad. Es un pequeño truco muy divertido e impresiona cuando la gente lo ve. Y también puede ser muy útil si pierdes tus llaves o tus guantes favoritos.

Básicamente, lo que vamos a hacer es recompensarlo por su natural deseo de rastrear todo tipo de cosas, y así desarrollará el comportamiento. Así vamos a empezar. Lo primero que debes hacer es llevar a tu perro a una habitación donde haya pocas o ninguna distracción y hacer que se siente. Debes tener listo tu clicker, y si no lo usas, tener preparada la palabra puente, y también algunas chucherías.

Cuando el animal esté sentado, coge su juguete favorito y escóndelo a un paso de distancia, que vea cómo lo ocultas. Ahora debes hacer que se quede quieto mientras escondes el juguete; en teoría ya debes haber aprendido el comando "quieto". Si no, deberías revistar la sección pertinente.

Así pues, esconde el juguete en algún lugar en que él pueda ver que lo ocultas, y cuando hayas terminado dile algo como "ve a buscarlo" o "encuentra", o cualquier comando que quieras usar. Sólo recuerda que debes usar siempre la misma orden. Cuando hayas elegido una, conviértela en el comando oficial. Déjame darte un ejemplo. Digamos que tengo a Buddy y está en una habitación sin distracciones, y cojo su juguete Kong y lo escondo bajo una silla, a unos tres pasos de él. Está sentado y ve lo que hago.

Ahora digo "Buddy, ¡cógelo!". Y Buddy va bajo la silla y procede coger el juguete. Tan pronto como esté cerca del Kong, o lo que sea que estés usando, haces clic y lo recompensas, porque básicamente lo que le estamos enseñando es eso, ir hacia algo que está escondido. Lo premiamos por ese comportamiento. Dale el juguete y déjalo jugar un rato; luego repite el ejercicio. Haz que se siente, escóndele el juguete, dile que lo busque.

Lo que debes hacer para avanzar es lograr que el perro al menos toque el juguete; esto probablemente sucederá en las primeras repeticiones. La cuestión es que si no sucede, no haces clic y recompensa, y lo alabas y premias sólo cuando lleva a cabo la acción deseada. En este caso, la susodicha acción es ir hasta le juguete escondido y encontrarlo. Así pues, si sólo camina cerca de él pero no lo toca, no hagas clic. Hazlo sólo cuando lo toque.

Una vez conseguido todo esto, el siguiente paso más lógico sería lograr que cogiera el juguete. Idealmente, mejor dicho, que lo coja y te lo traiga, pero estamos dando pasos pequeños, y algunos perros progresan más deprisa que otros. Tu perro puede entenderlo inmediatamente o necesitar varias sesiones. Está bien, lo importante es divertirse.

Así que…Una vez consigues que el animal encuentre el juguete, lo que debes hacer es repetir el proceso, pero no hacer clic ni recompensarlo hasta que no lo coja con la boca y lo levante. Una vez conseguido, clic y recompensa, alábalo como un loco, y por supuesto déjalo jugar.

Este es el punto más importante. Siempre debes dejar que juegue con el juguete que ha encontrado cuando complete el ejercicio, o al final pensará "Ey, si consigo el juguete me lo va a quitar cada vez, así que no voy a cogerlo y desde luego no se lo daré por mucho que me alabe, porque quiero mi juguete, ¿vale?".

Así que es muy importante dejar que juegue un poco, que se divierta, antes de cogerle el juguete y repetir el ejercicio. Si constante y consecuentemente haces estos pequeños pasos, al final tu perro encontrará el juguete escondido cada vez que lo hagas, porque adora este juego. De verdad les gusta.

Ahora lo que debes hacer para fortalecer este comportamiento es empezar a esconder el juguete cada vez más lejos del perro. Recuerda, empieza ocultándolo a unos tres o cuatros pasos de él, dejando que lo vea, y una vez lo hayas logrado exitosamente es llevar el juguete más lejos. Eventualmente deberías ser capaz de esconderlo en otra habitación. Te fascinará lo rápido que los perros entienden esto, y cuán deprisa empiezan a traer los juguetes.

Hemos estado usando un juguete como ejemplo, pero hay otras cosas que puedas hacer que tu perro encuentre y traiga, utilizando los métodos que hemos practicado. ¿Qué tal las zapatillas? ¿Y el periódico?

Utiliza los mismos ejercicios para que encuentre las cosas que tengan tu olor. Es una manera muy rápida de hacer que traiga su juguete favorito, pero también verás que tiene muchas otras aplicaciones muy prácticas.

Así pues, diviértete jugando con tu perro, y enseñándole este truco. Tus amigos van a quedar maravillados cuando digas "¡Ve a por las zapatillas, Buddy!" o "Encuentra el juguete, Buddy", y obedezca. Es estupendo, es divertido y a tu perro le encantará.

Cómo enseñarle a dar la patita

Otro de los trucos más populares es enseñarle a tu perro el clásico "dar la patita". Esto es cuando tu buen perro te busca y te da la mano justo como hacen tus amigos, o cuando cierras un negocio. Y a todo el mundo le encanta este truco. Es fácil de enseñar, y te enseñaré la forma ahora mismo. Es simple y divertido, y tendrás a tu perro dándote la pata en un día, dos como mucho.

Lo primero que debes hacer es asegurarte de que ya le has enseñado a tu perro la orden de "siéntate". Enseñarle esto es muy fácil, claro, y si no lo has hecho aún sólo tienes que revisar los ejercicios en la parte correspondiente.

Ahora, una vez tienes a tu perro sentado a tu orden, es muy fácil lograr que te de la pata. Lo que debes hacer es darle un comando como "la patita", o decir hola, o cualquier cosa. Conocí a un chico que decía "Dime holita", aunque siempre he pensado que era una orden más bien rara. Pero cualquiera que vaya a ser tu comando particular, tenlo listo.

Así pues, tu perro está sentado. Dale la orden "la patita", y con suavidad cógele la pata y sostenla con la mano derecha. Debo decirte que es mejor que tengas preparados el clicker y unas golosinas en la izquierda, así cuando le digas "la patita" o cualquier otro comando le coges la pezuña, se la estrechas, y cuando lo haces, clic y recompensa. Debes repetirlo varias veces, y no te preocupes si tu perro parece confundido o te mira como si estuvieras loco. Al final lo entenderá.

Después de recompensarlo deja su pata en el suelo otra vez. Dale unos momentos, y luego dile que se siente. Coge su pata con la mano derecha, y cuando se la estreches haz clic y recompensa. Y, claro, también debes darle la orden.

Ahora lo que debes hacer es tener a tu perro sentado frente a ti, entonces alargas tu mano y dices "la patita". No haces clic ni lo recompensas hasta que no te la dé. Si estás teniendo algún problema con esto y no te da la pata, simplemente haz clic y recompensa cuando la levante. Luego podrás desarrollar el comportamiento. Alarga tu mano y dale la orden. Si tentativamente alza su pata, haces clic y lo recompensas, y lo alabas mucho.

Dale un momento y luego repite el proceso. Digamos que continuamente levanta la pata; eso es bueno. Sigue haciendo clic y recompensa. Pero a la larga deja de hacerlo sólo por eso. Eventualmente, lo que tienes que lograr es hacer clic cuando ponga su pata en tu mano. Y, créeme, lo entenderá.

Así pues, cuando tu perro esté sentado, extiende tu mano y dile "la patita", y recompénsalo sólo cuando la ponga en tu mano. Y la primera vez que lo haga, ¿qué debes hacer? Naturalmente clic y recompensa, pero también darle muchísimas golosinas y muchísimo amor. Debe parecer que ha caminado sobre el agua o ha rescatado a una familia de un edificio en llamas. Cólmalo de cariño y alabanzas, porque ha hecho exactamente lo que querías que hiciera.

Tu perro te dará la patita en muy poco tiempo. Lo pasarán muy bien con este truco. Es un viejo cliché, ya sabes, y siempre es divertido para los demás verlo. Así que diviértete y disfruta de este nuevo truco.

Made in the USA
Las Vegas, NV
19 July 2021